YANTRA
Coloring Page for Adults

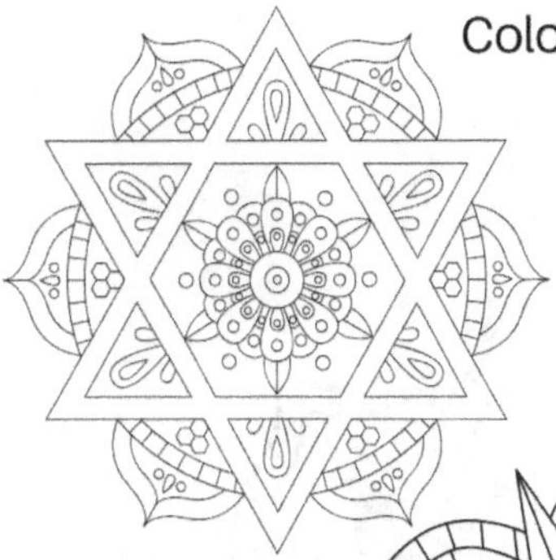

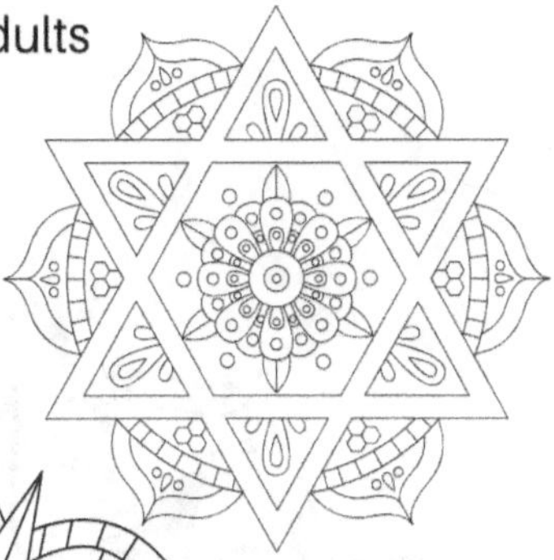

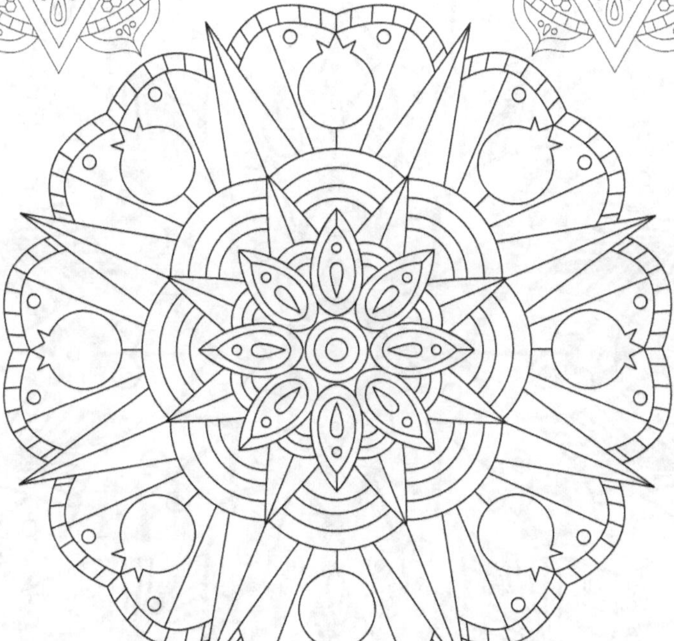

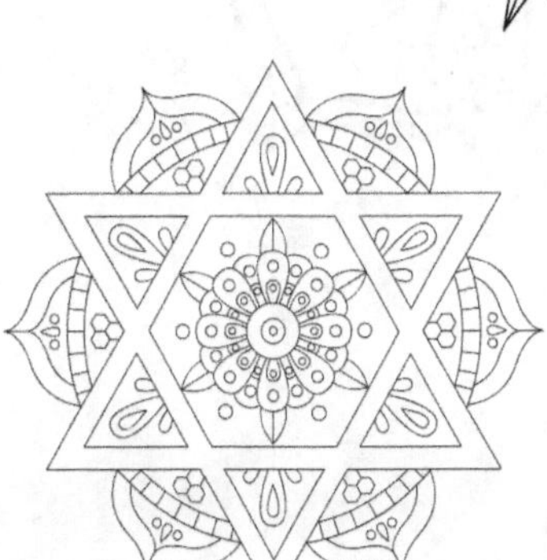

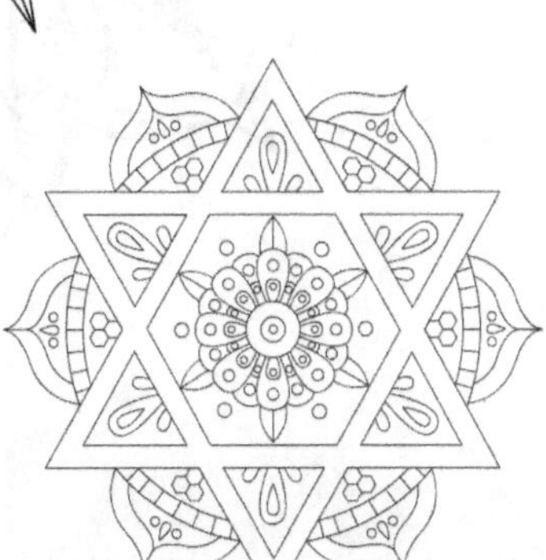

YANTRA

Coloring Page for Adults

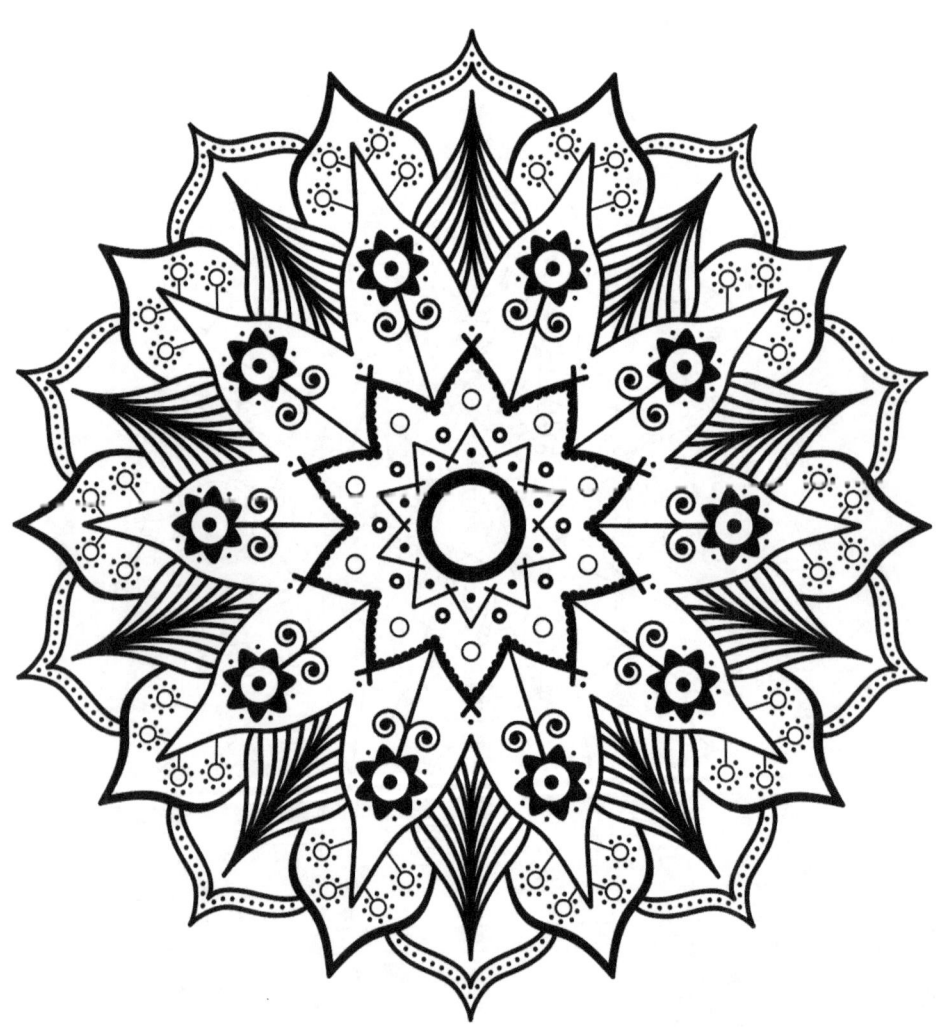

YANTRA

Coloring Page for Adults

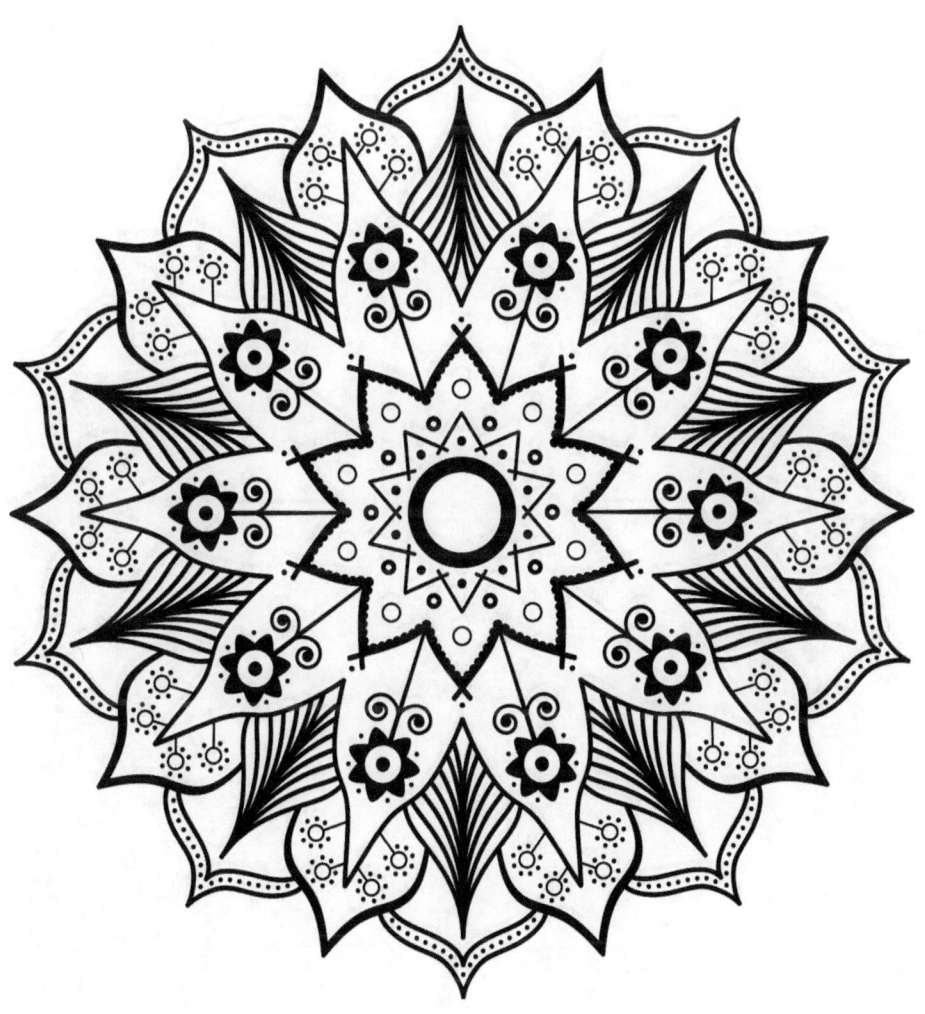

YANTRA

Coloring Page for Adults

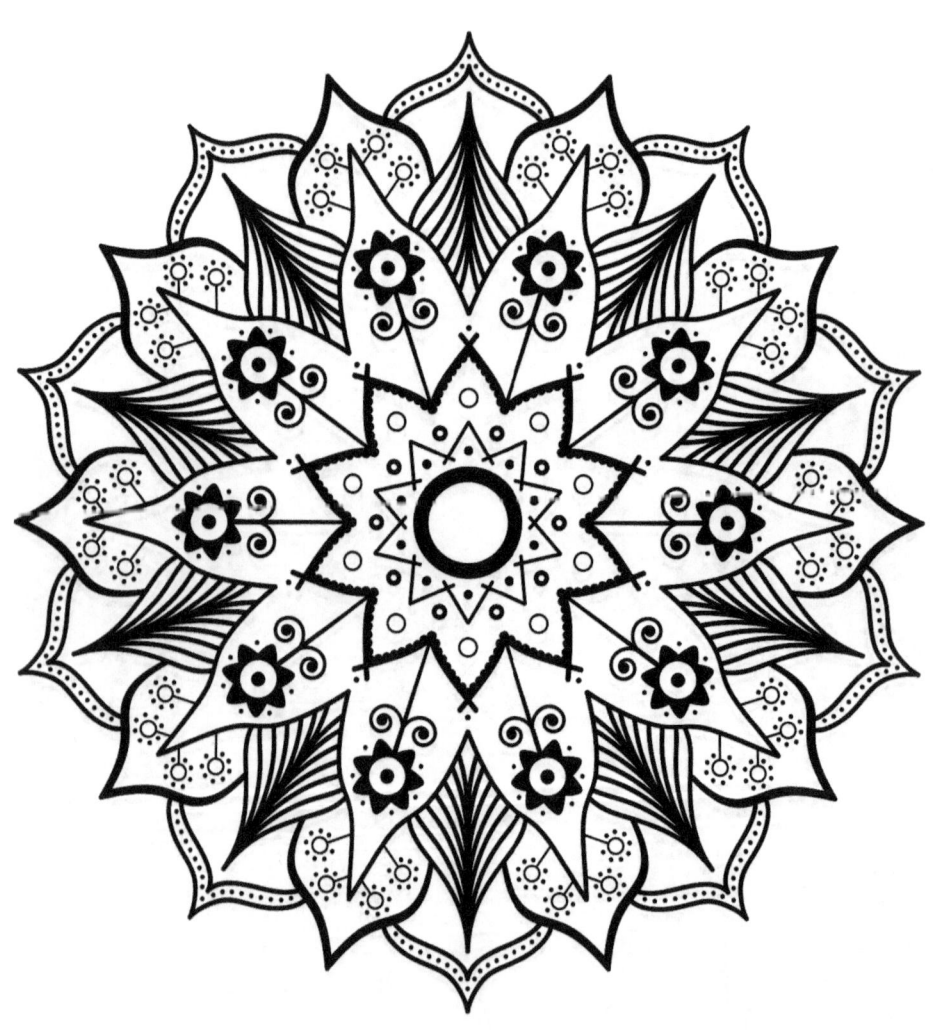

YANTRA

Coloring Page for Adults

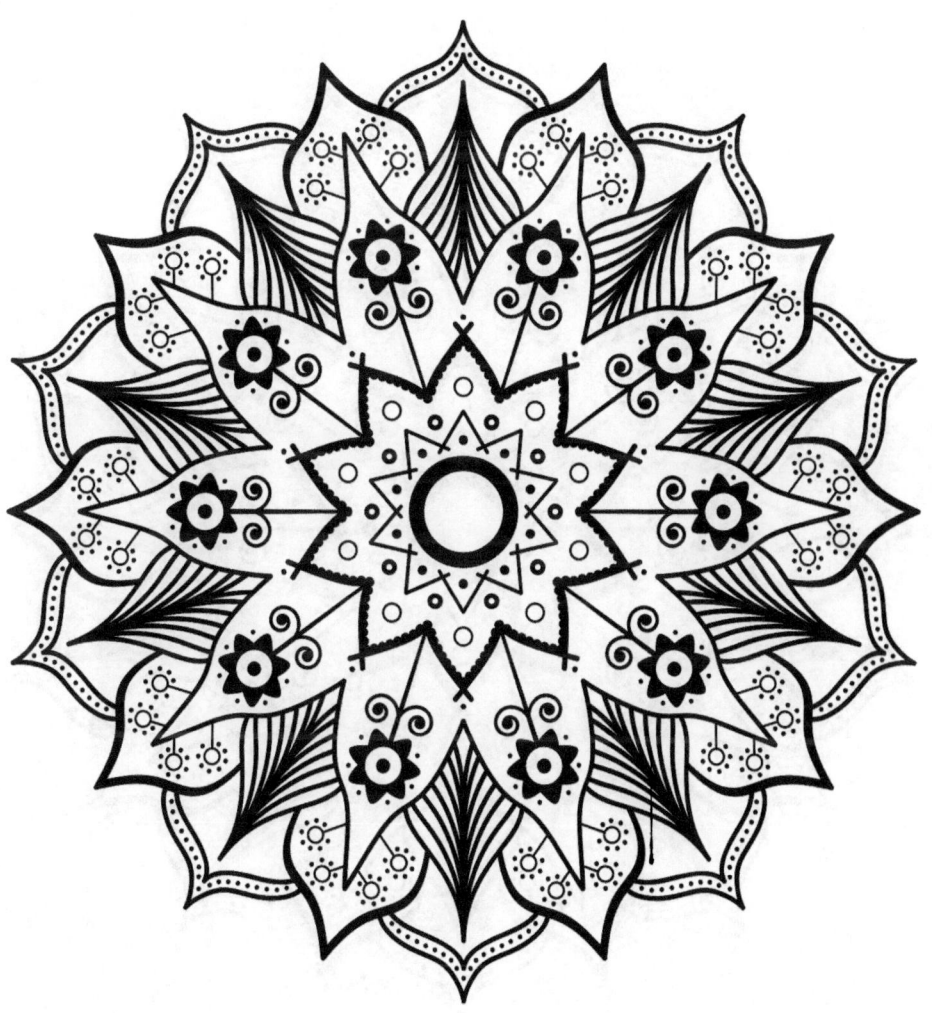

YANTRA

Coloring Page for Adults

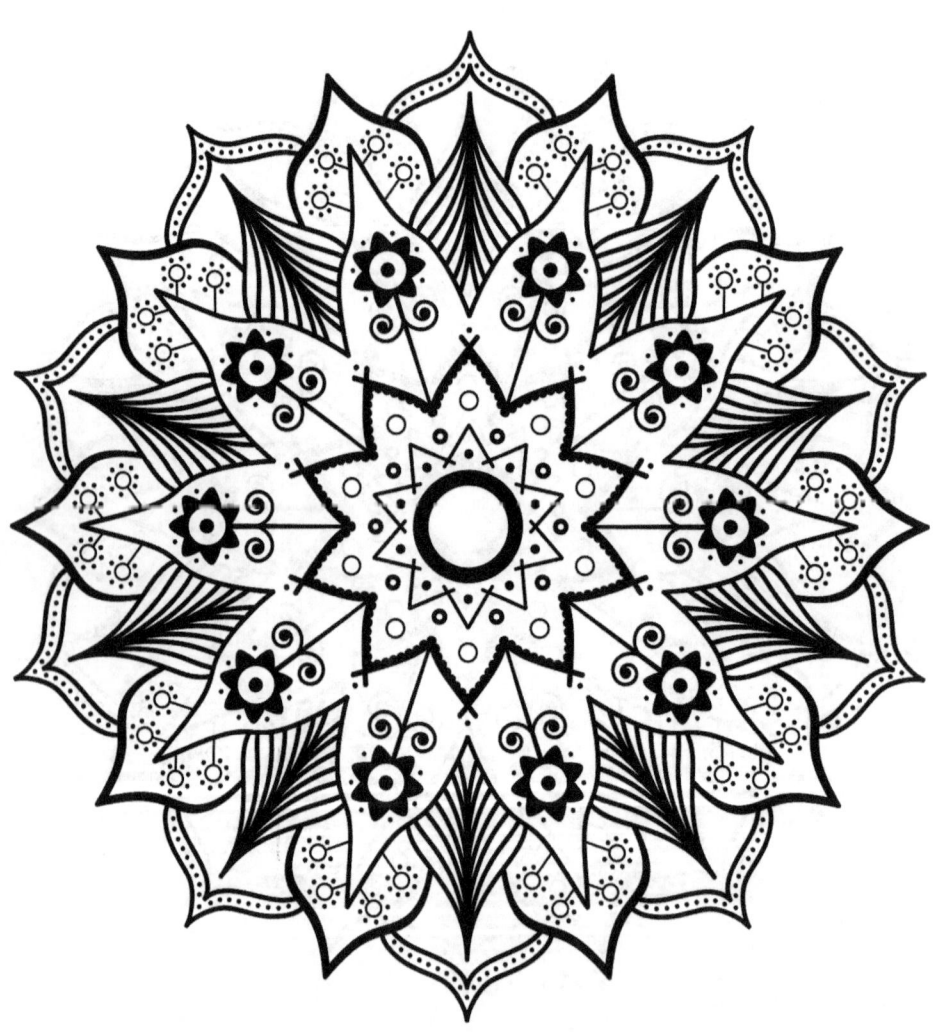

YANTRA
Coloring Page for Adults

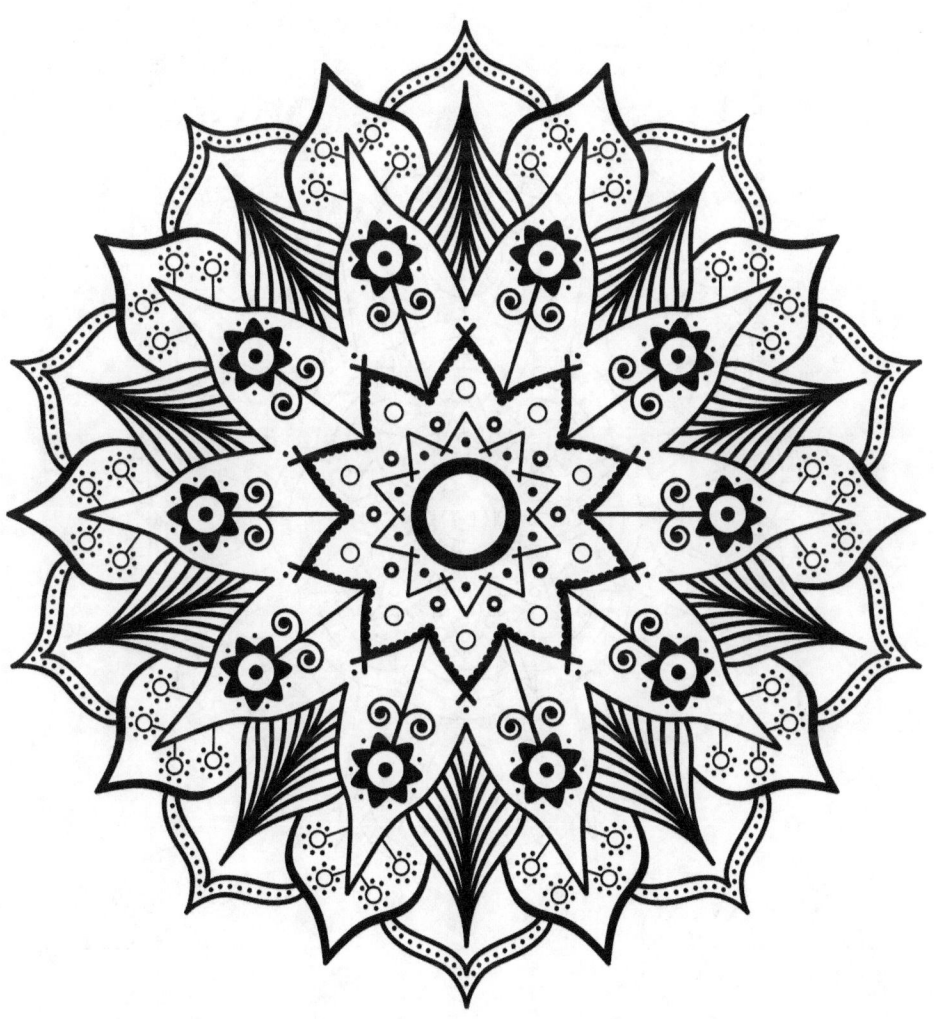

YANTRA
Coloring Page for Adults

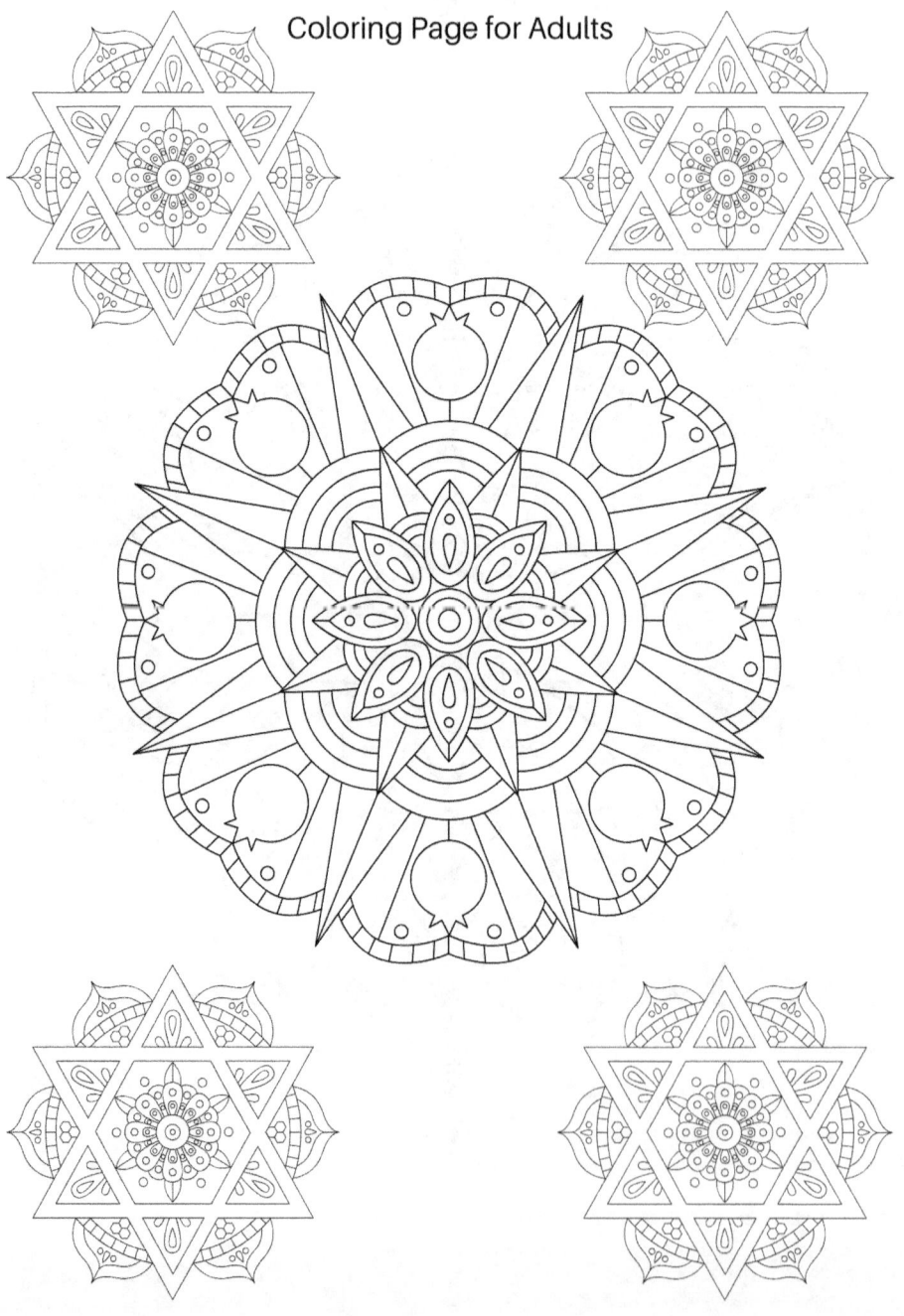

YANTRA

Coloring Page for Adults

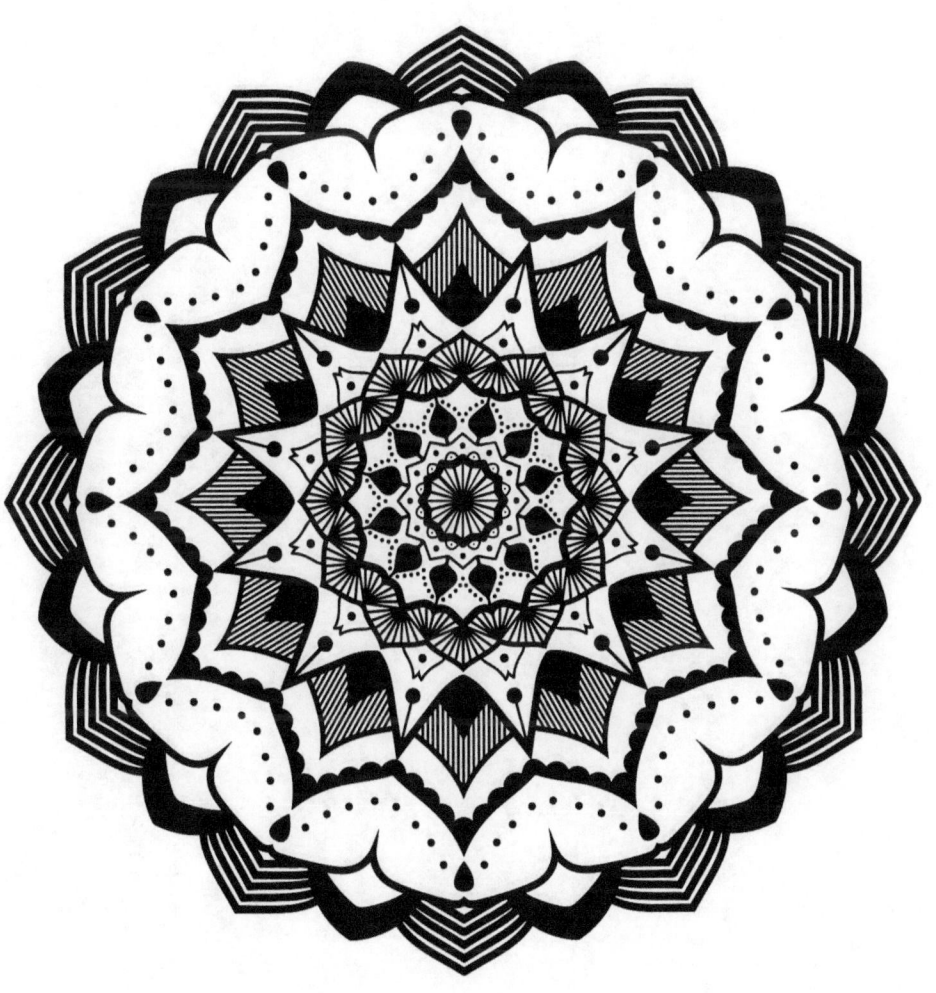

YANTRA
Coloring Page for Adults

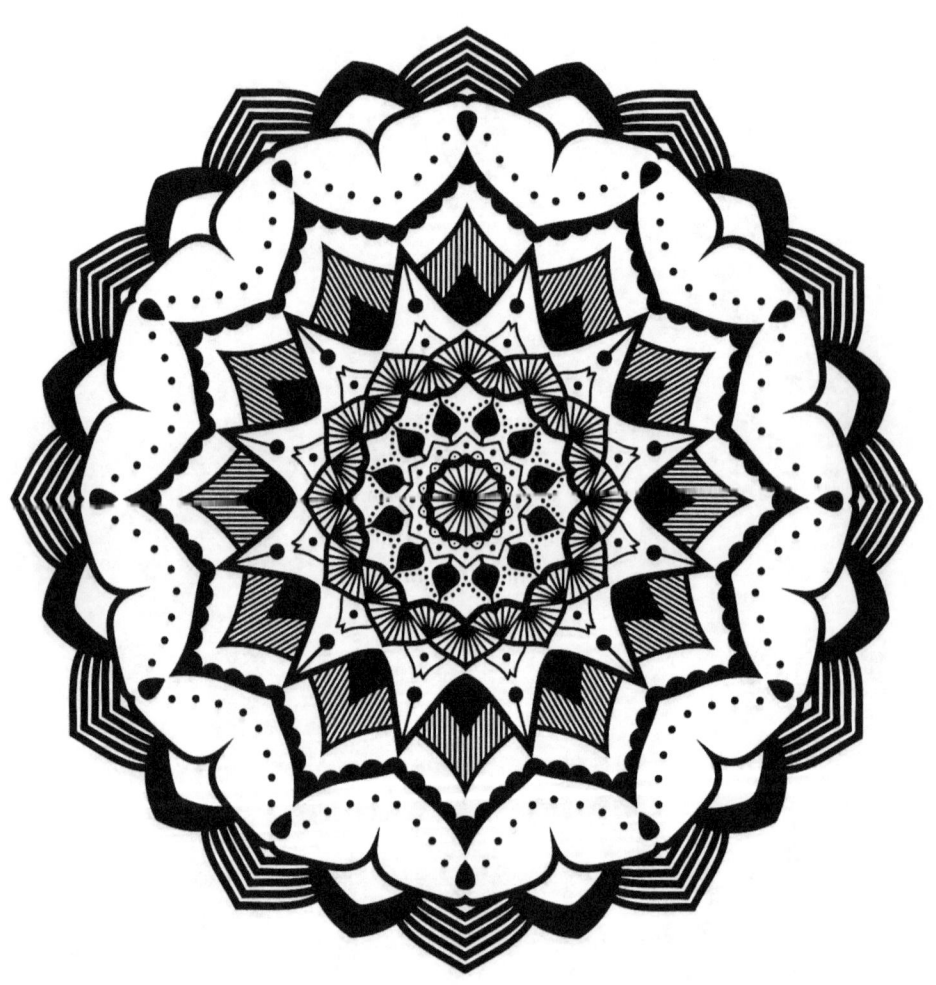

YANTRA

Coloring Page for Adults

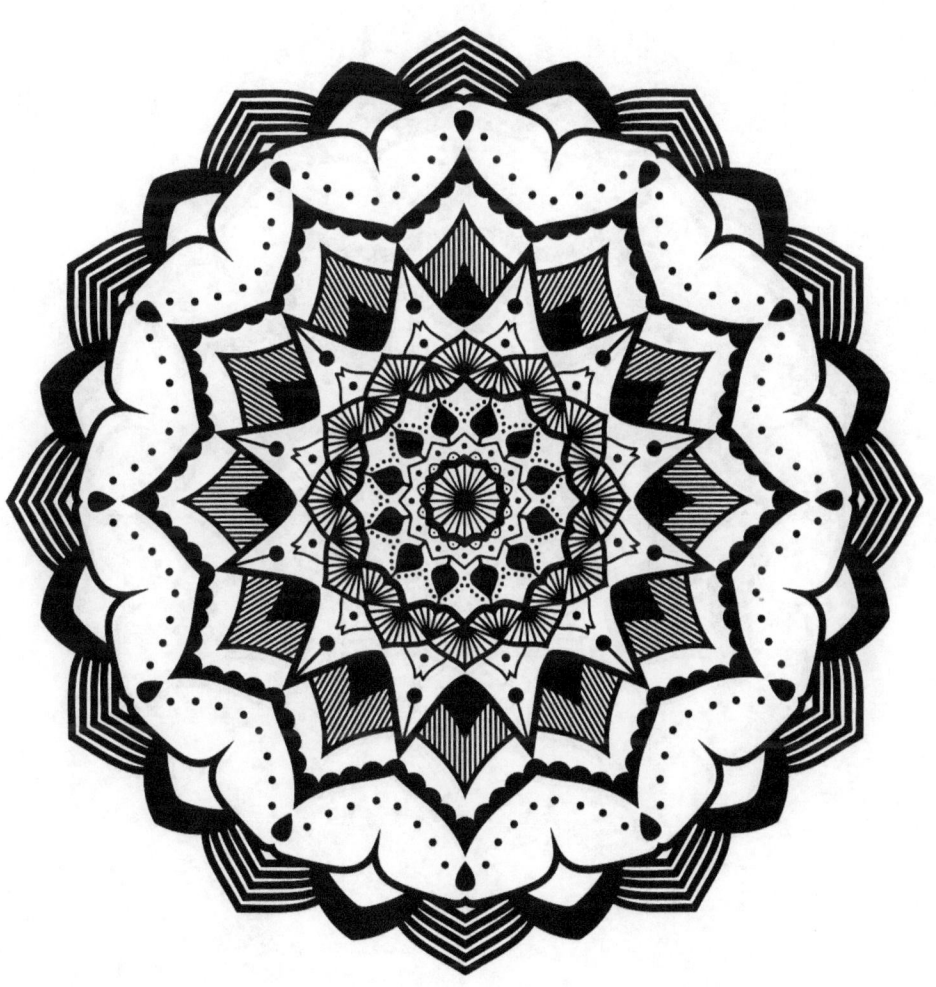

YANTRA
Coloring Page for Adults

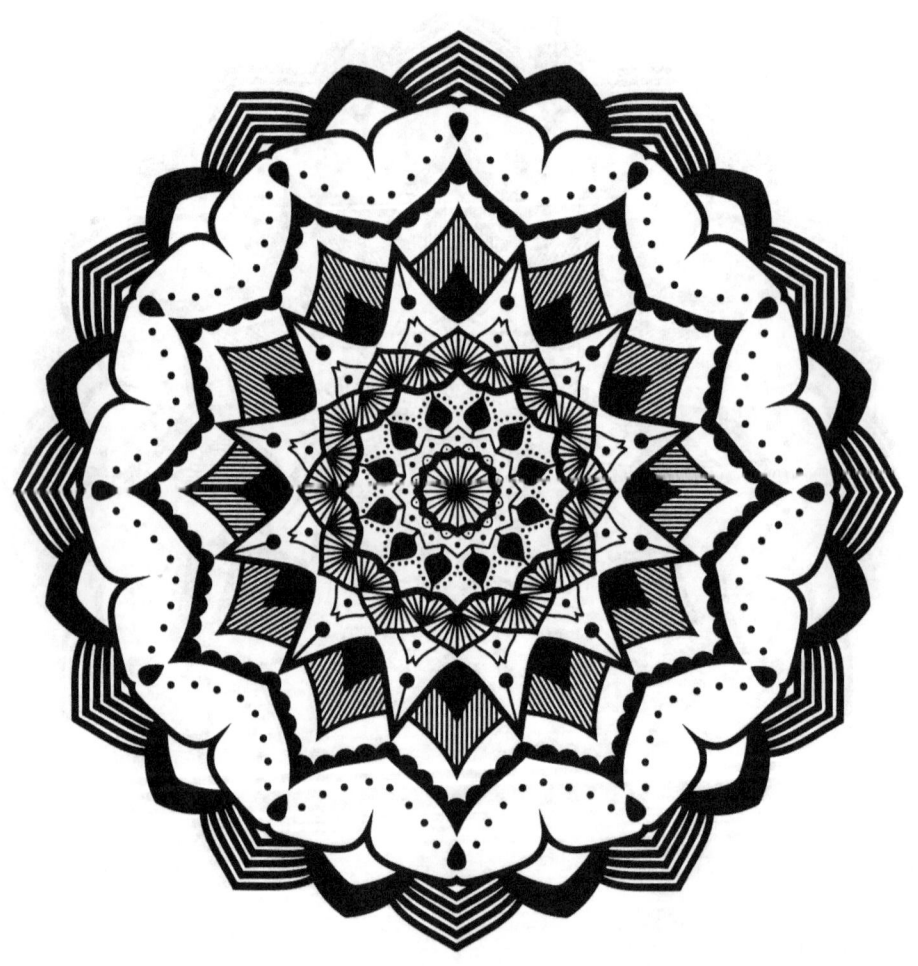

YANTRA

Coloring Page for Adults

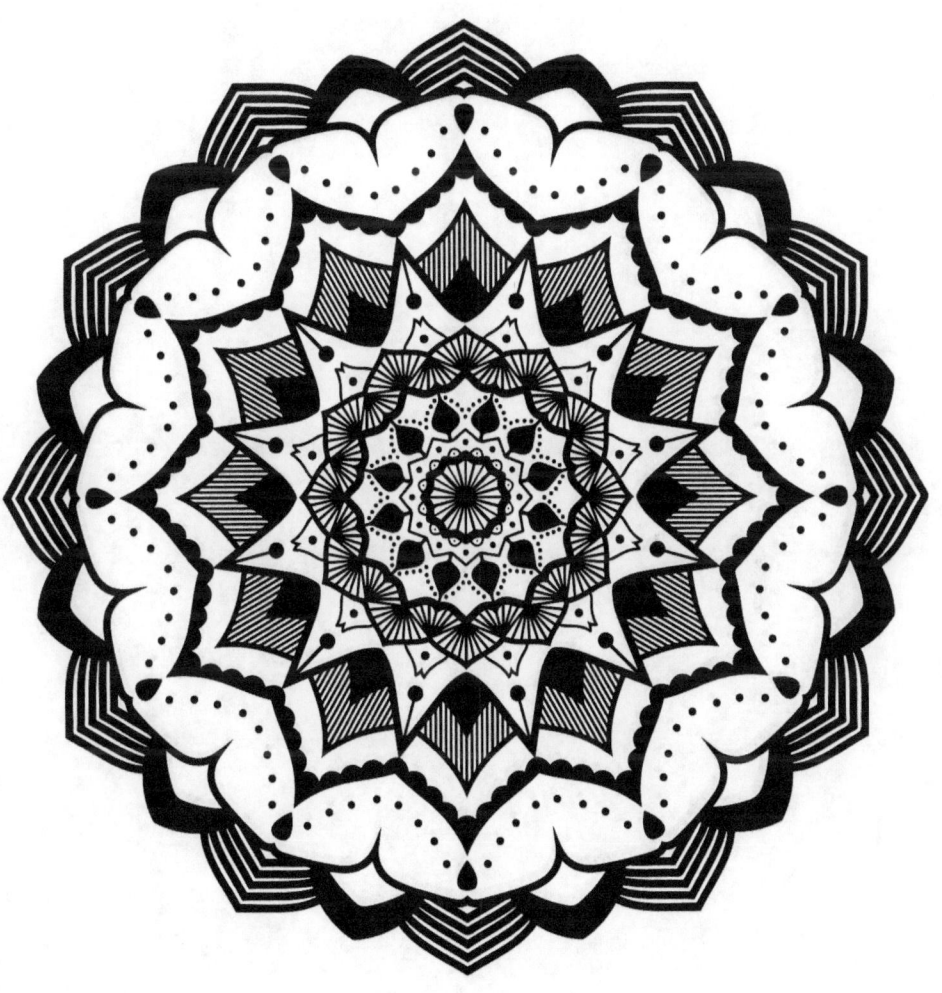

YANTRA
Coloring Page for Adults

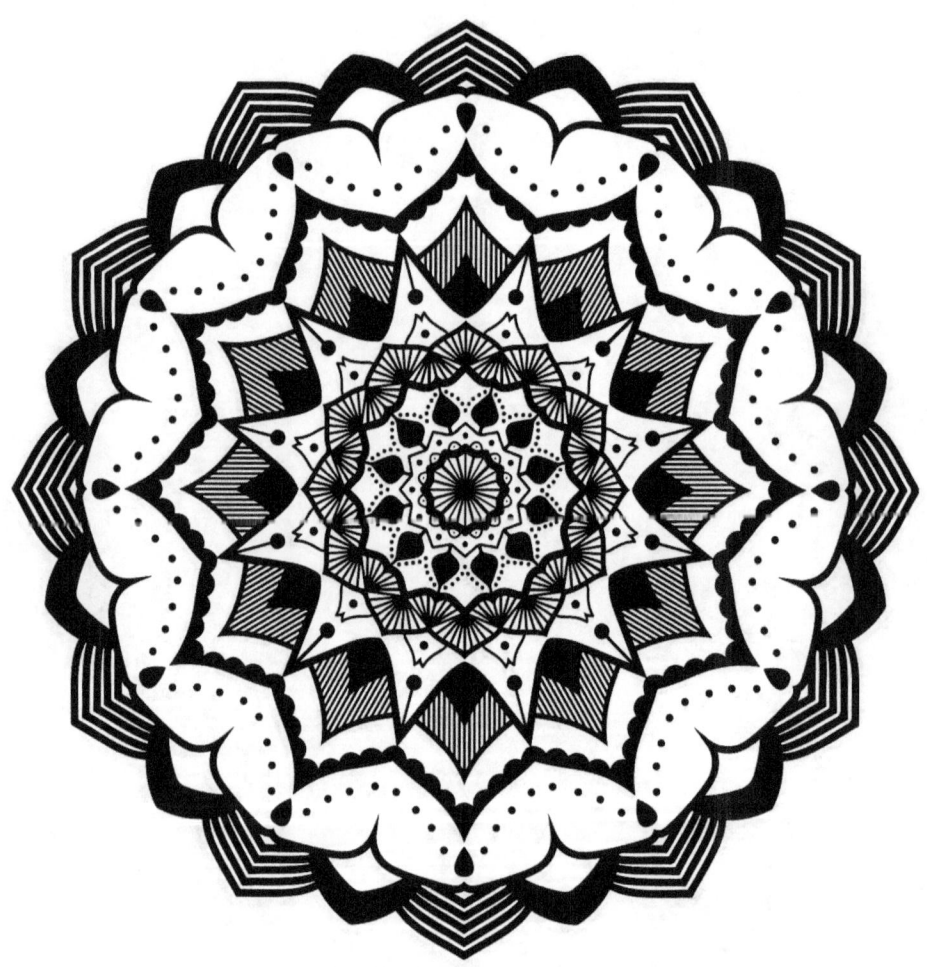

YANTRA
Coloring Page for Adults

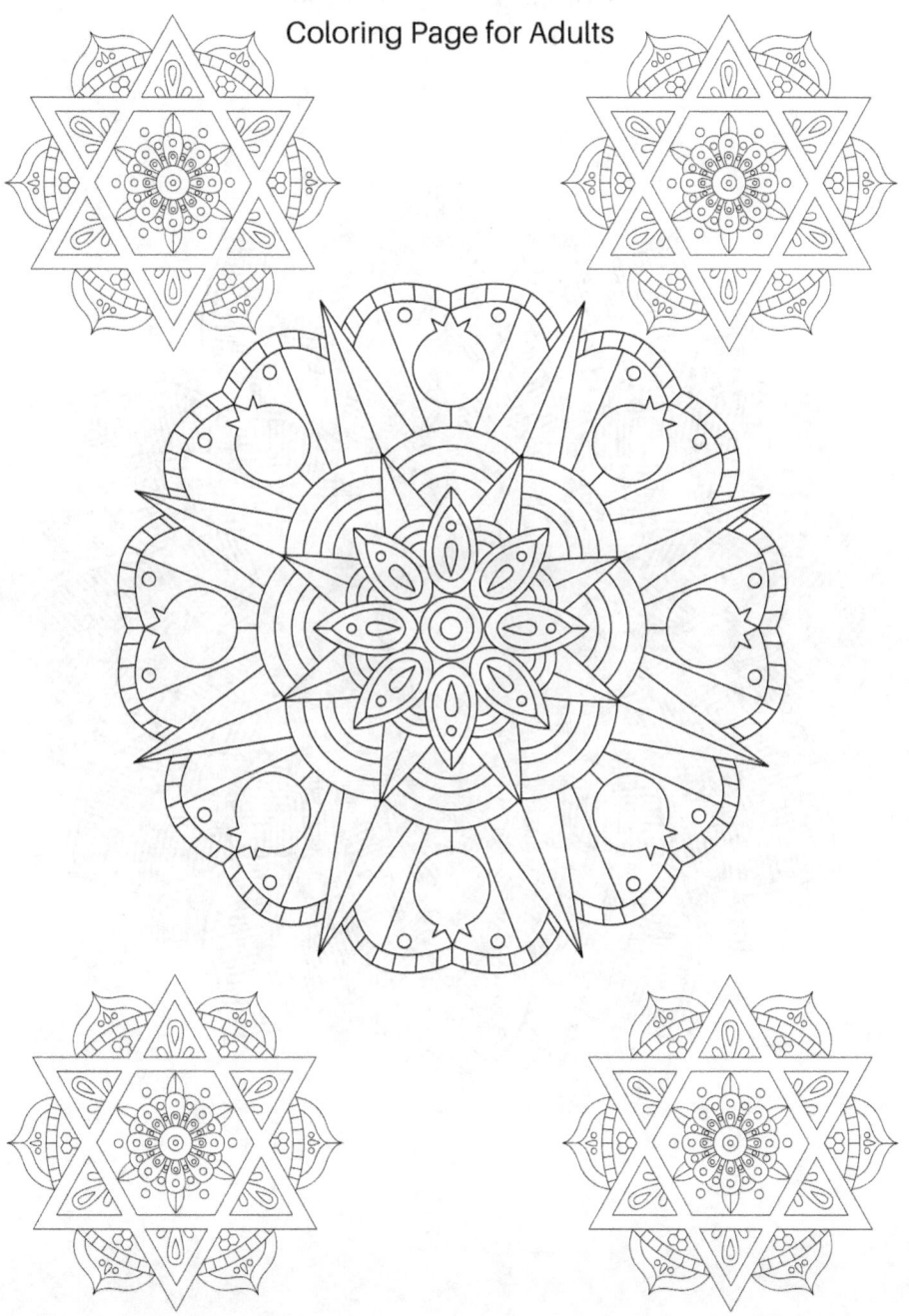

YANTRA
Coloring Page for Adults

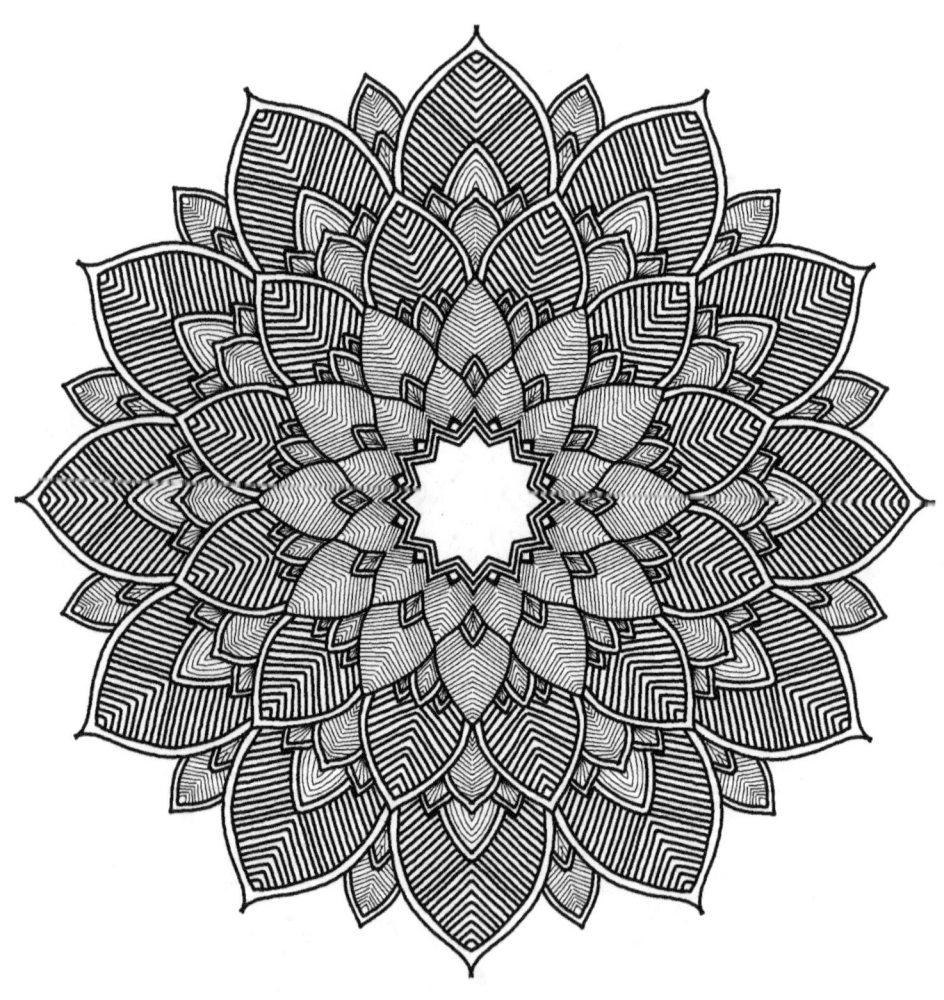

YANTRA

Coloring Page for Adults

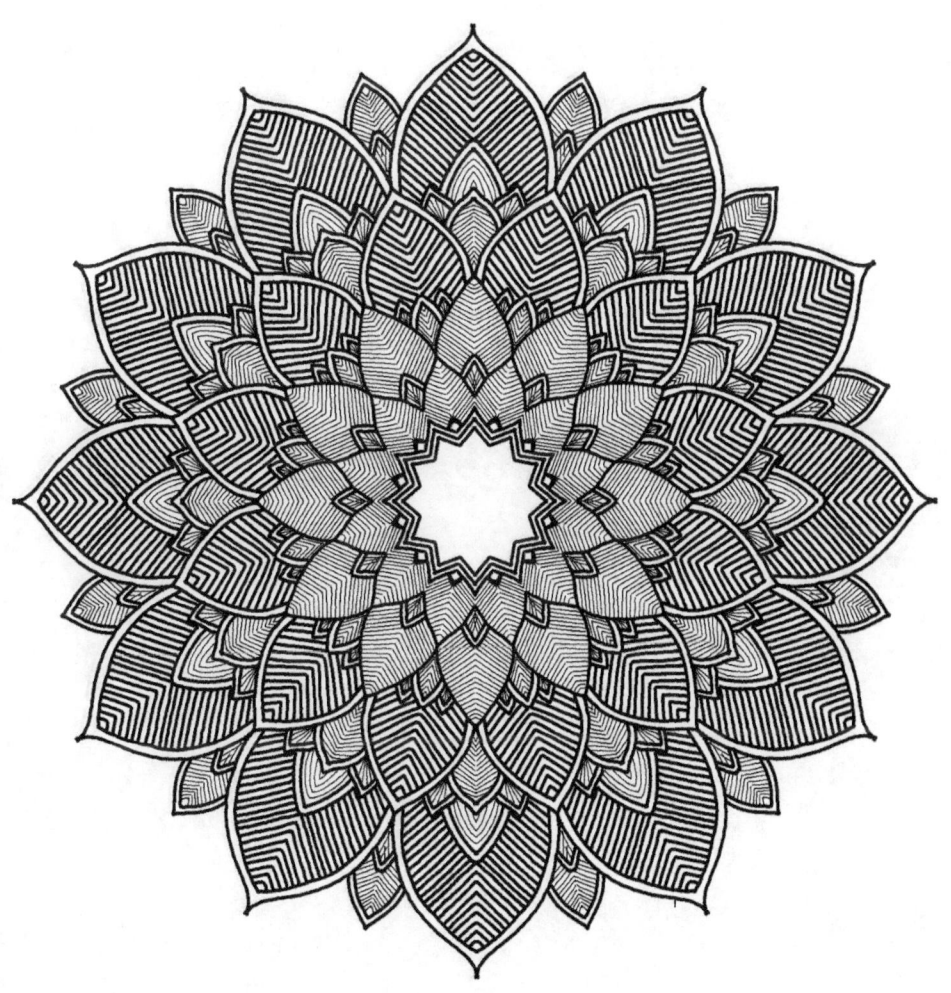

YANTRA
Coloring Page for Adults

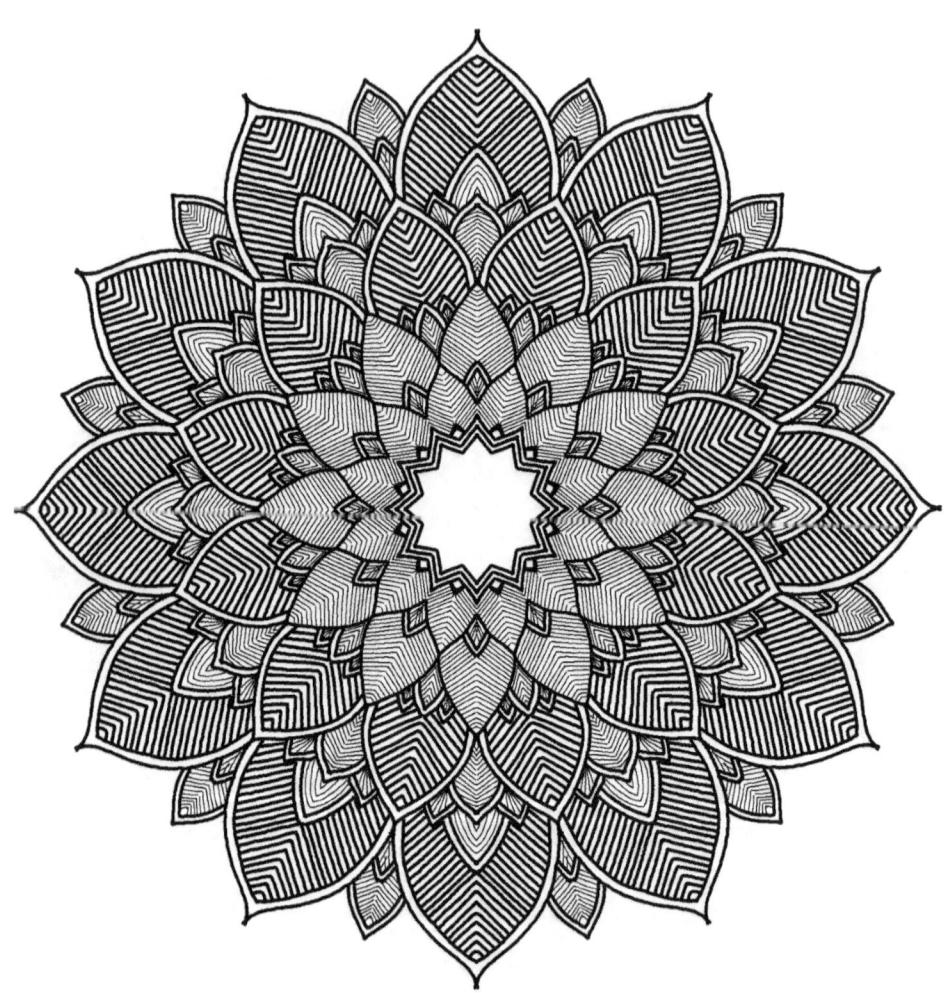

YANTRA
Coloring Page for Adults

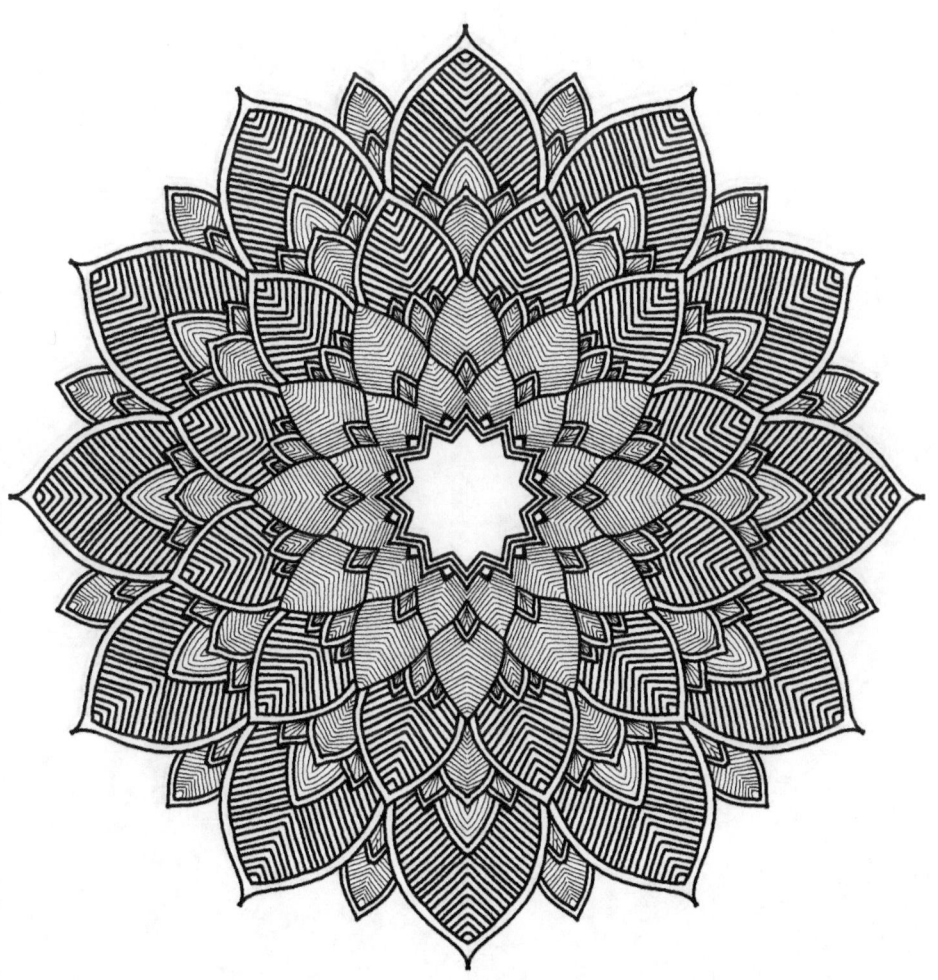

YANTRA
Coloring Page for Adults

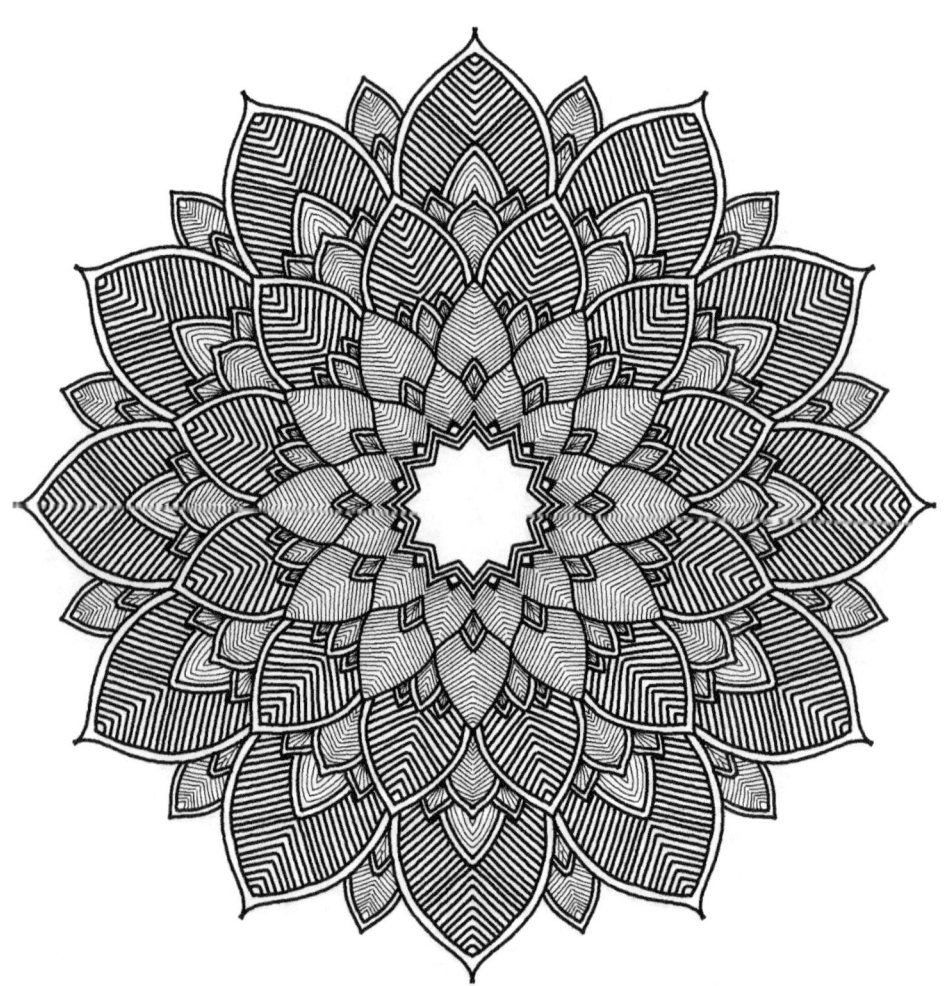

YANTRA
Coloring Page for Adults

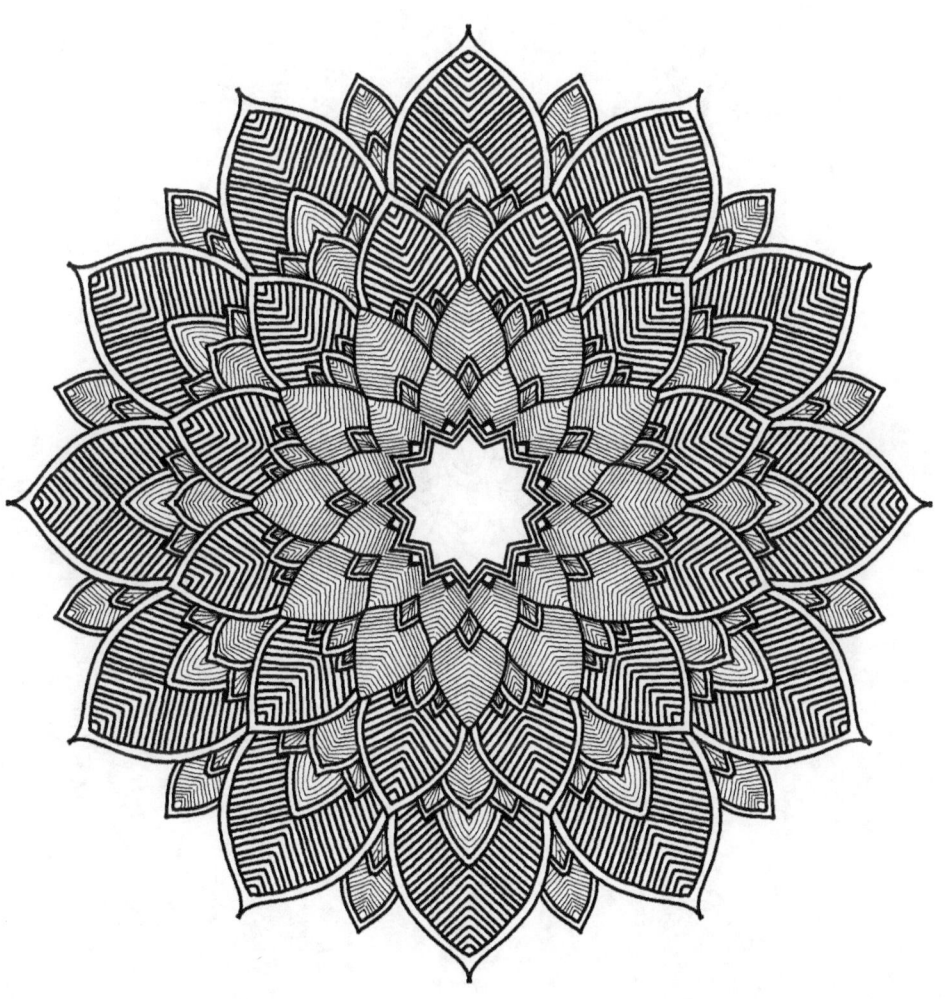

YANTRA

Coloring Page for Adults

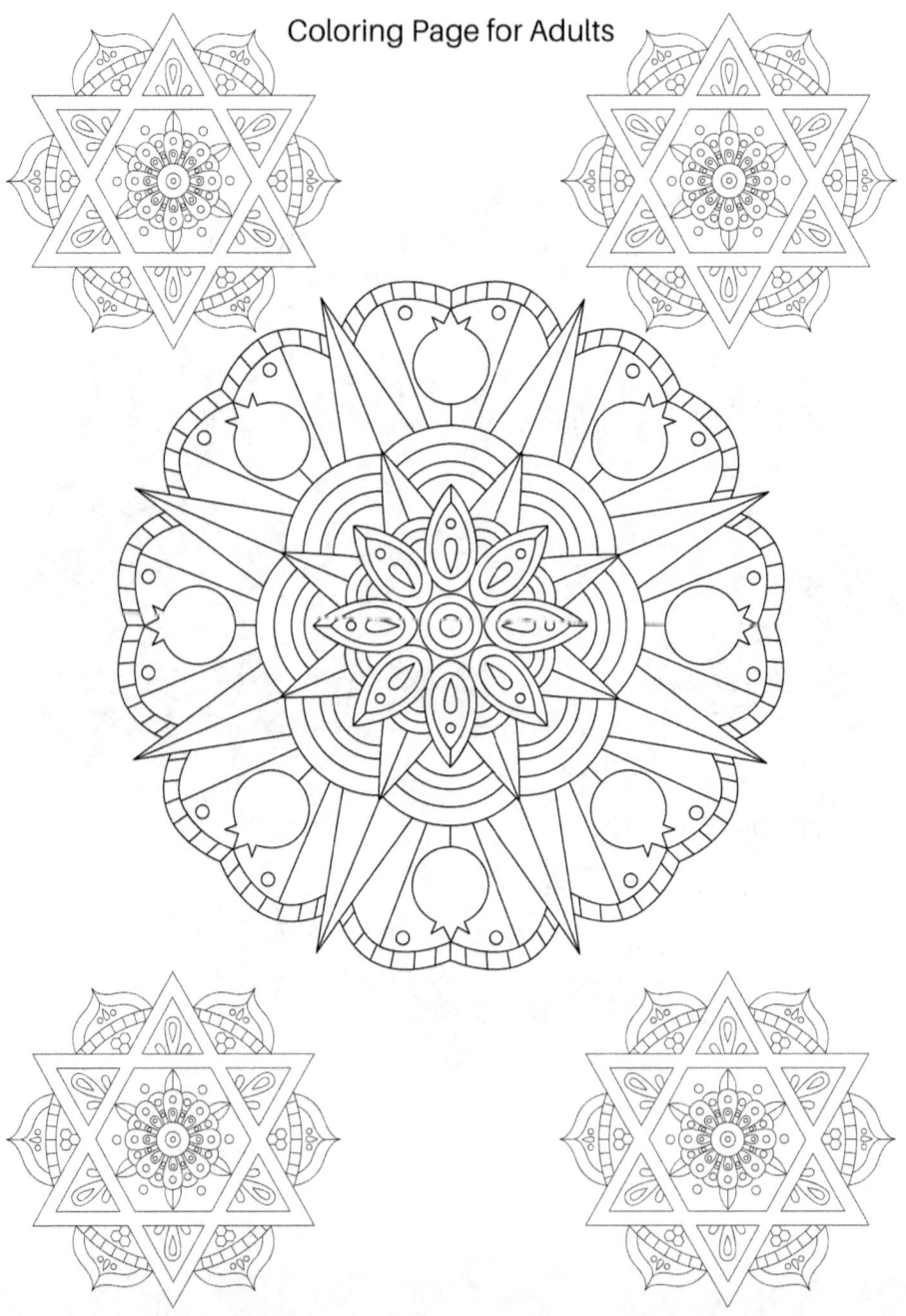

YANTRA

Coloring Page for Adults

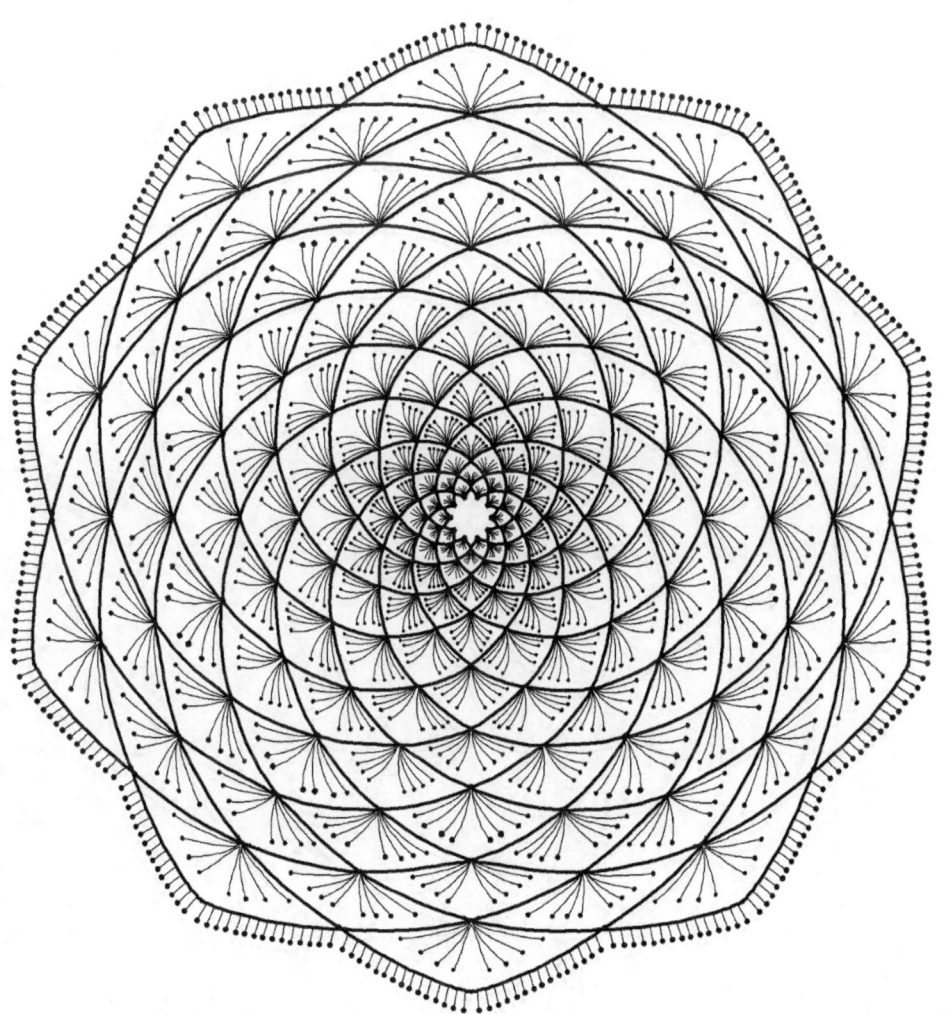

YANTRA

Coloring Page for Adults

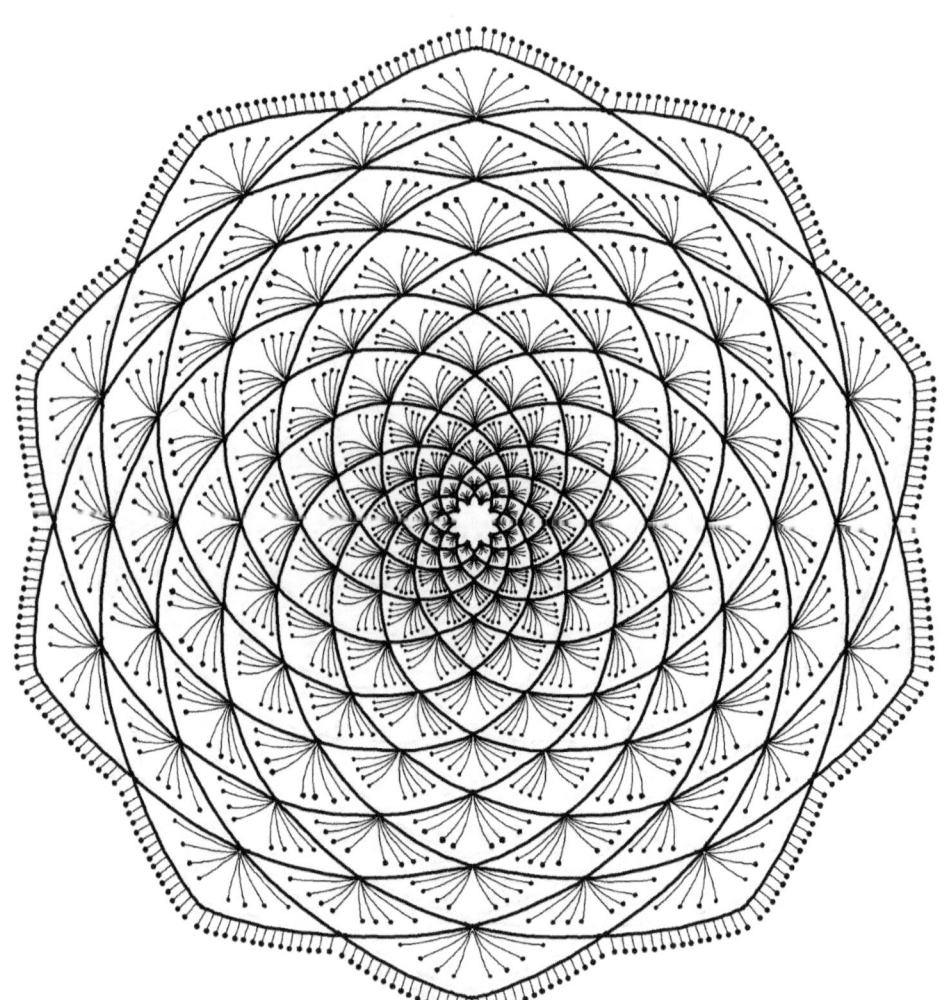

YANTRA

Coloring Page for Adults

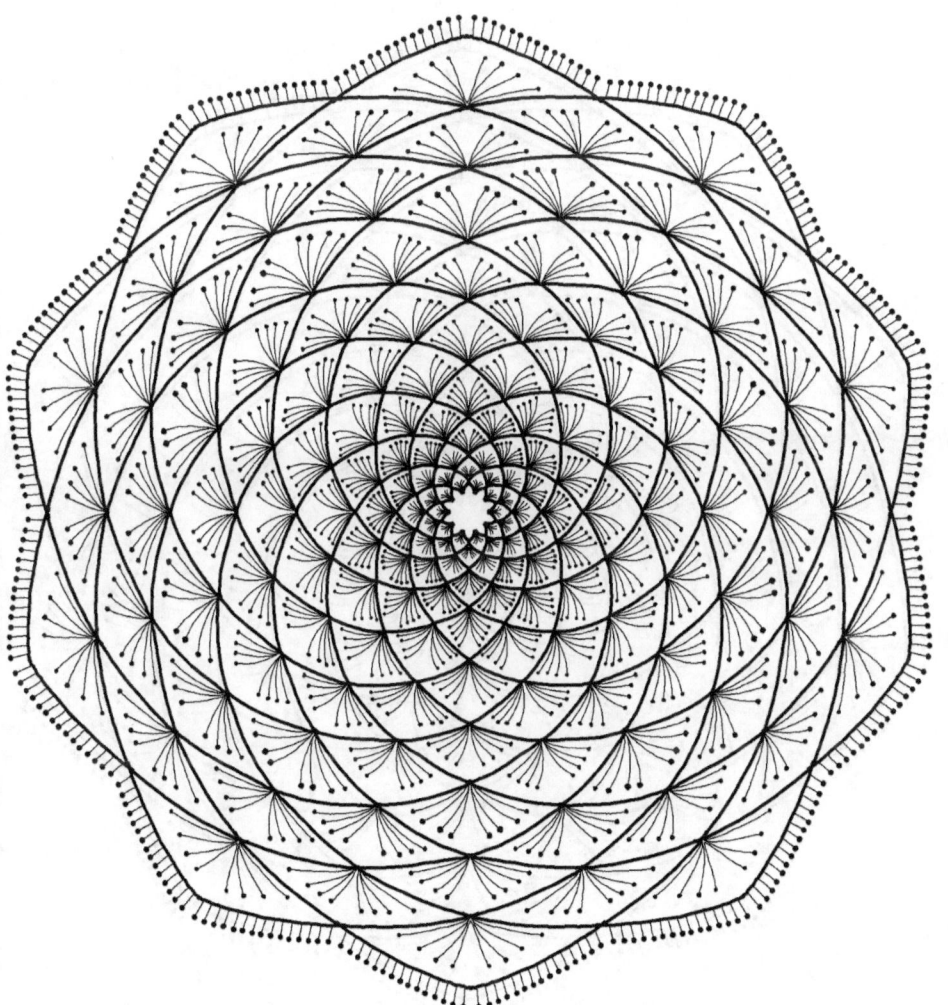

YANTRA

Coloring Page for Adults

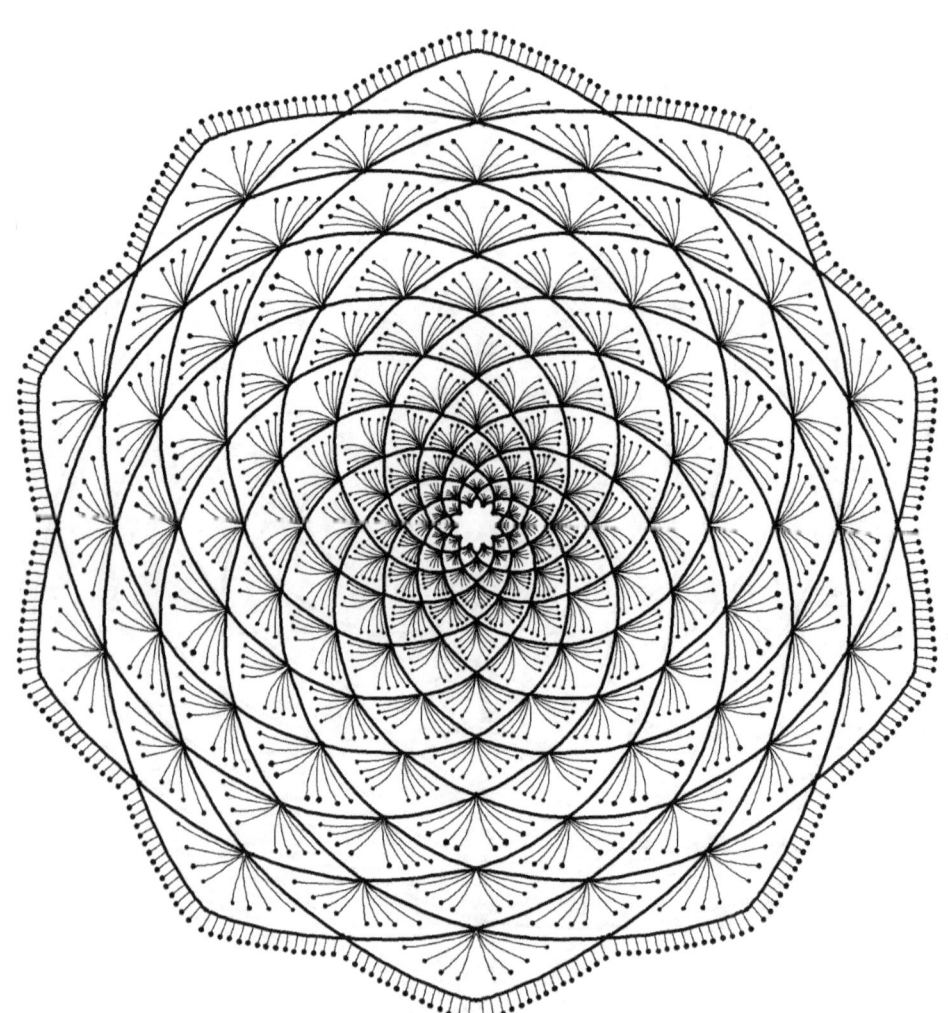

YANTRA

Coloring Page for Adults

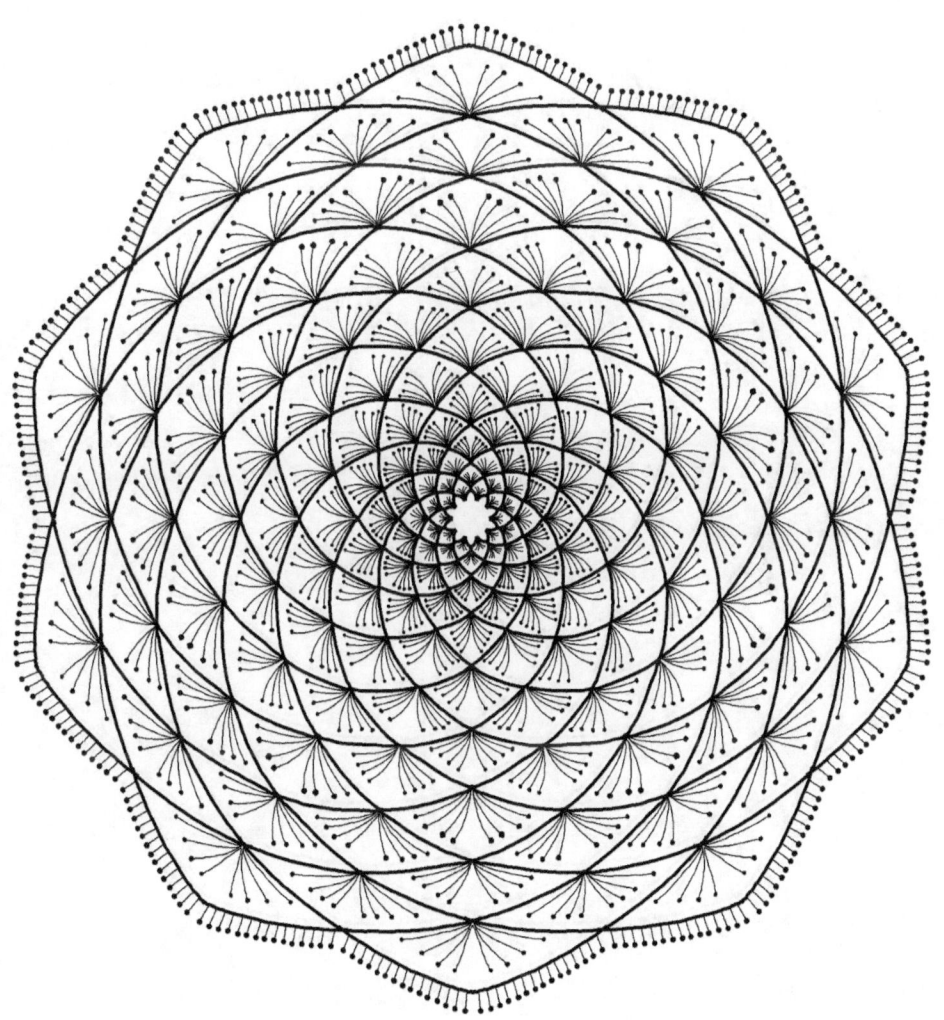

YANTRA

Coloring Page for Adults

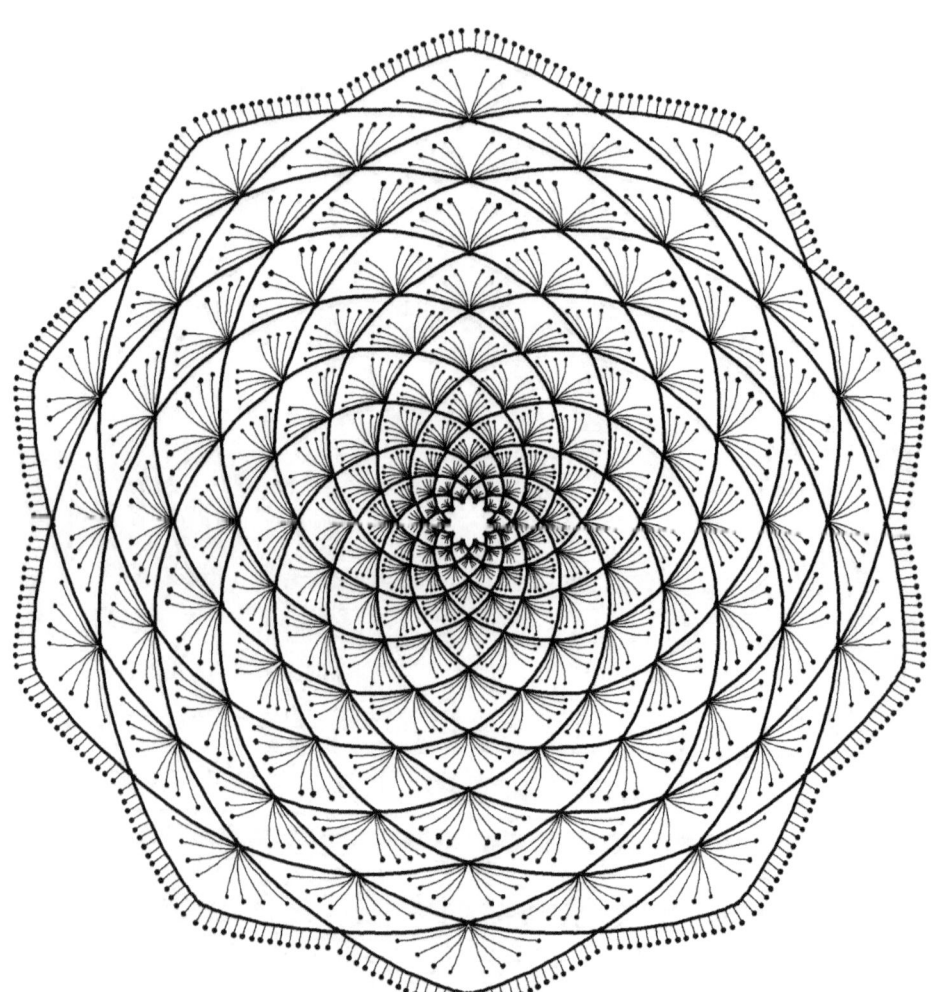

YANTRA
Coloring Page for Adults

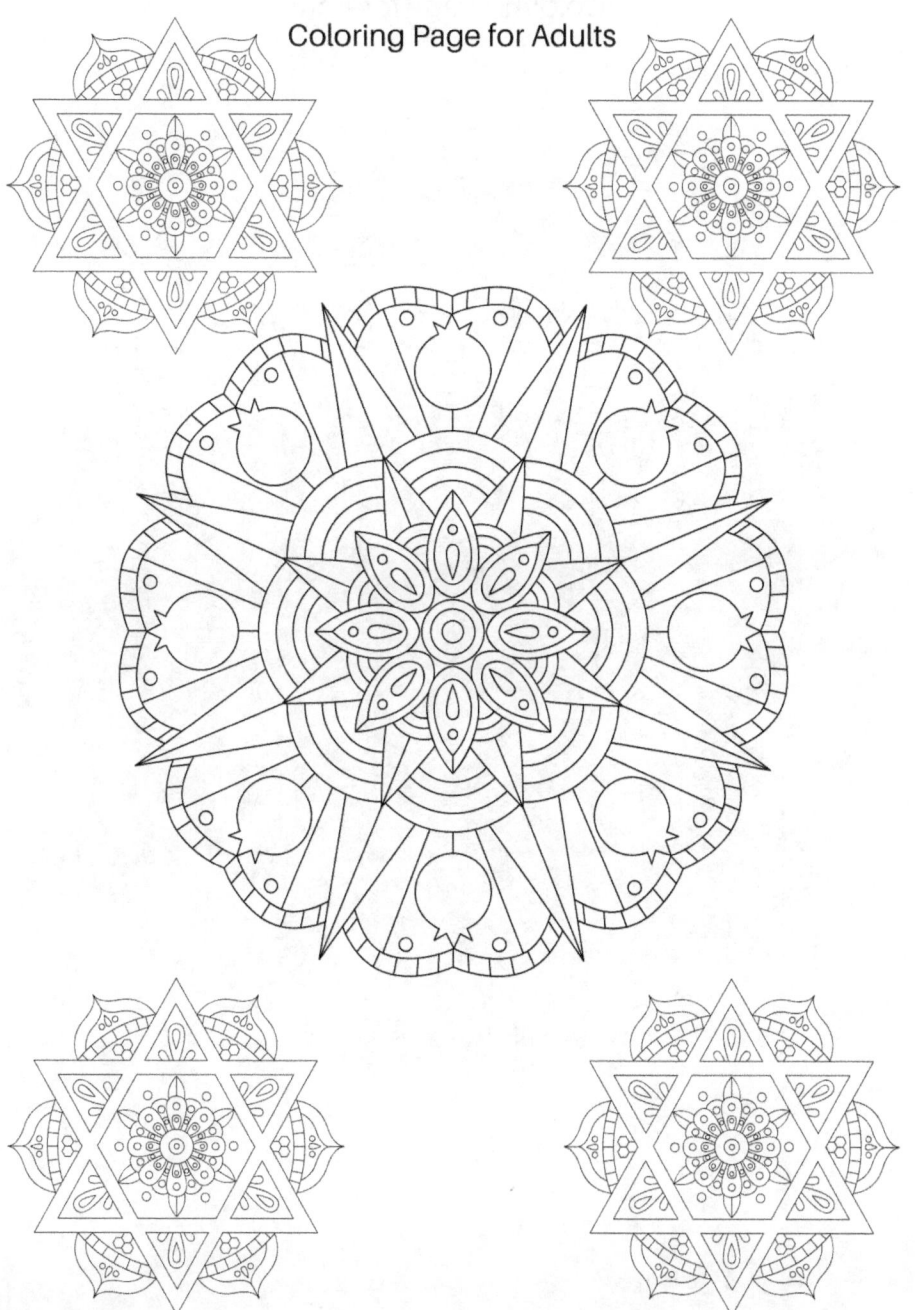

YANTRA
Coloring Page for Adults

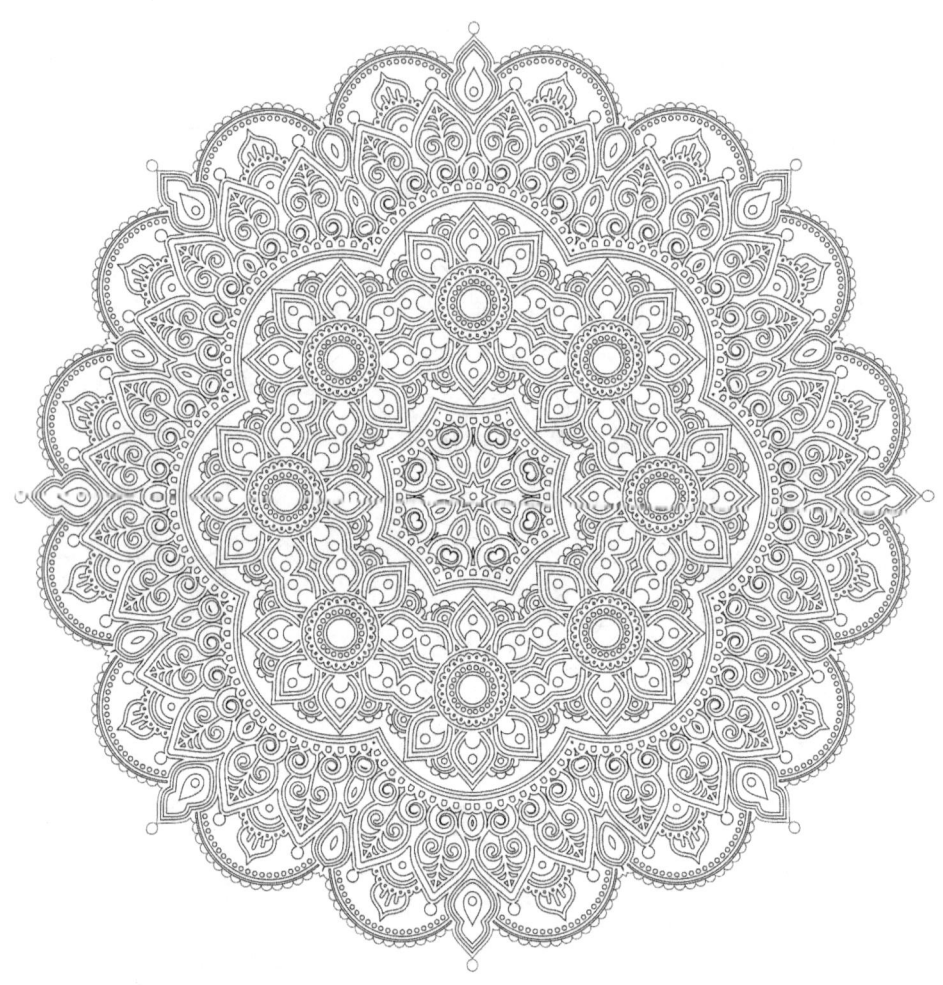

YANTRA

Coloring Page for Adults

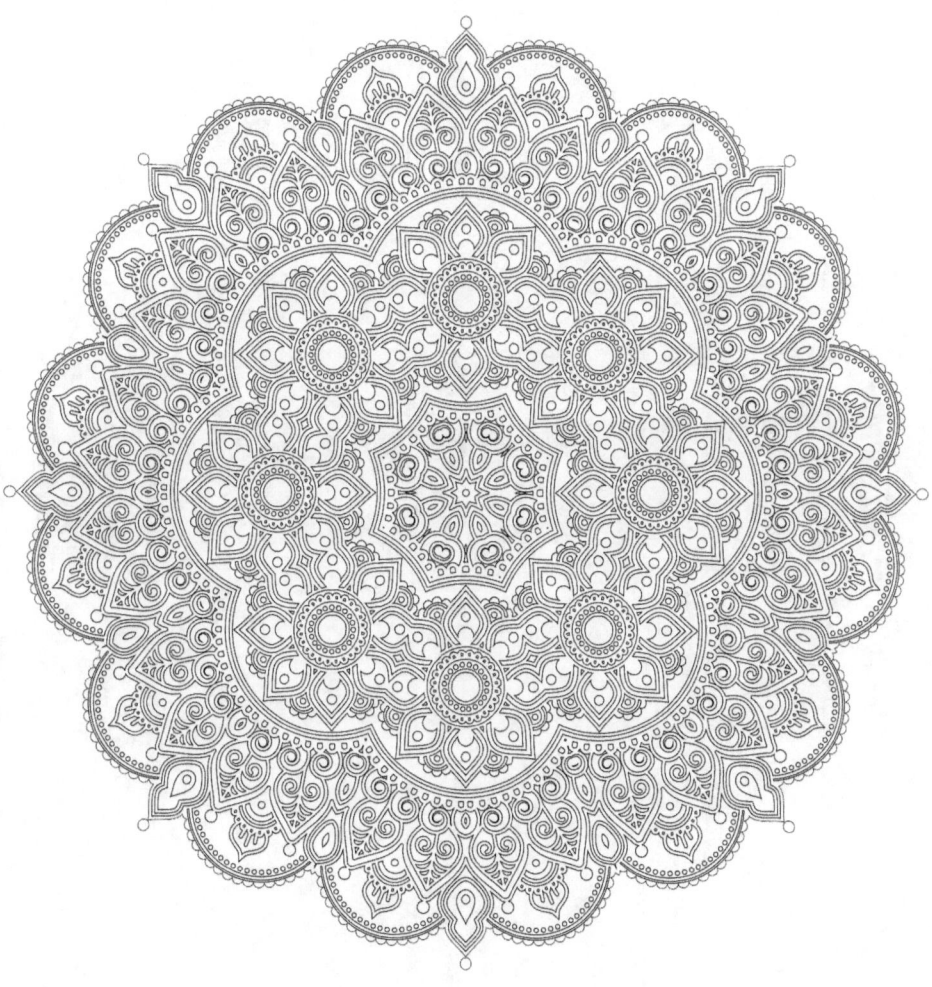

YANTRA
Coloring Page for Adults

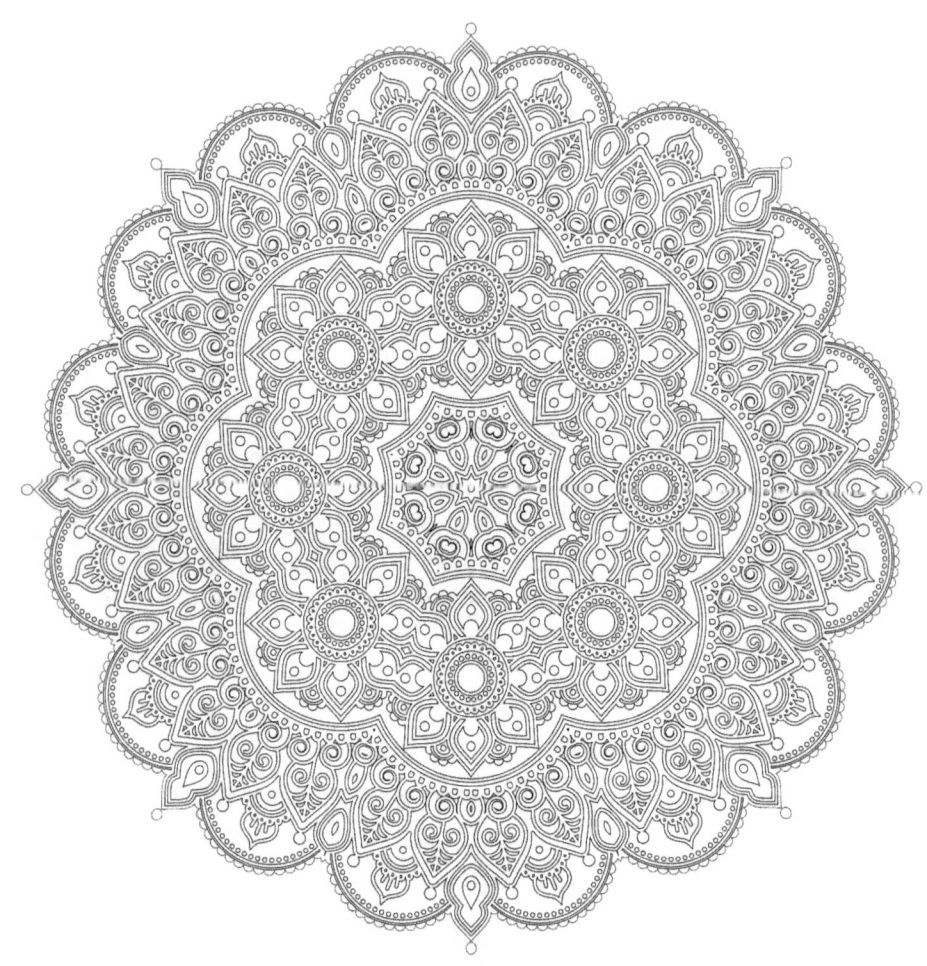

YANTRA
Coloring Page for Adults

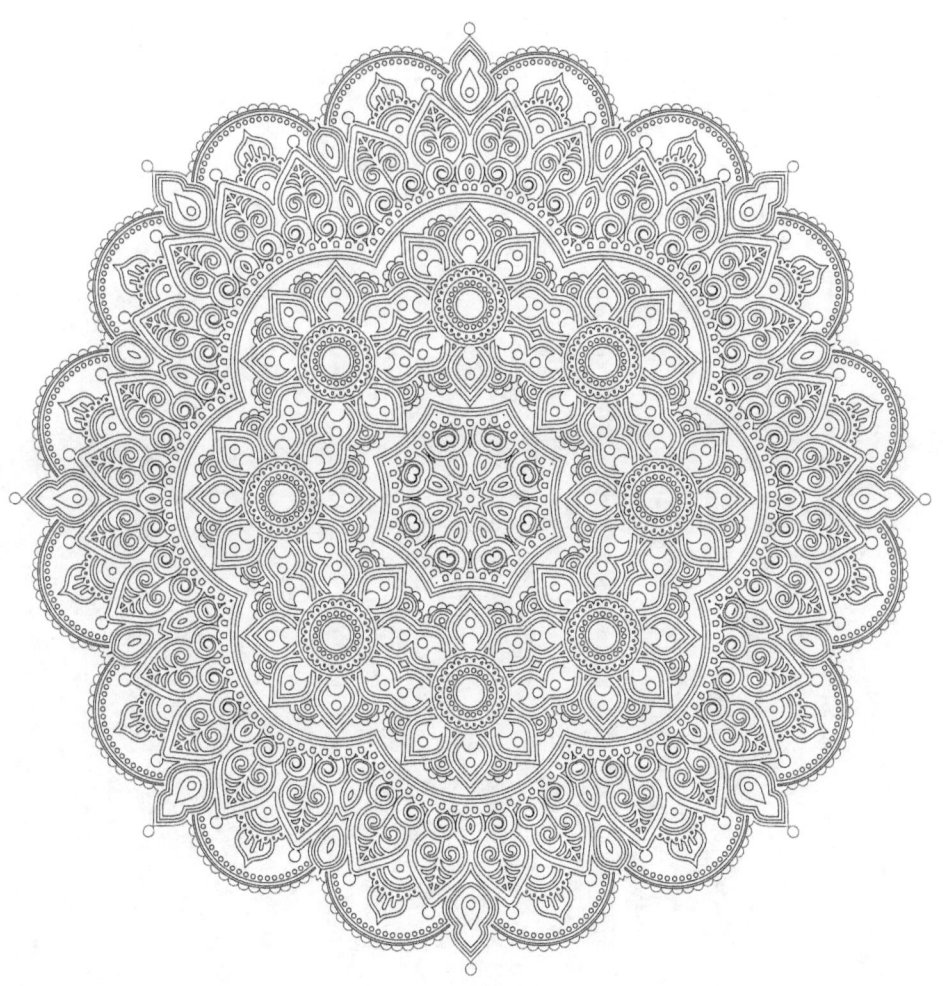

YANTRA
Coloring Page for Adults

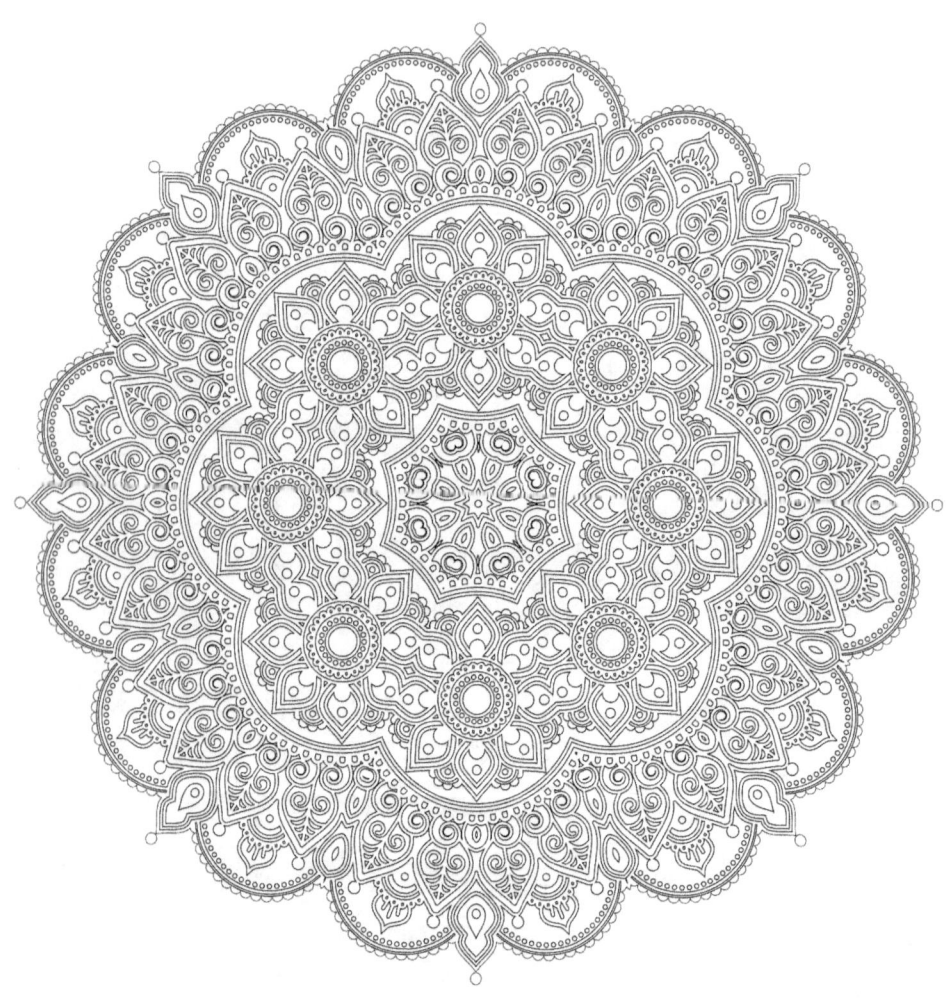

YANTRA
Coloring Page for Adults

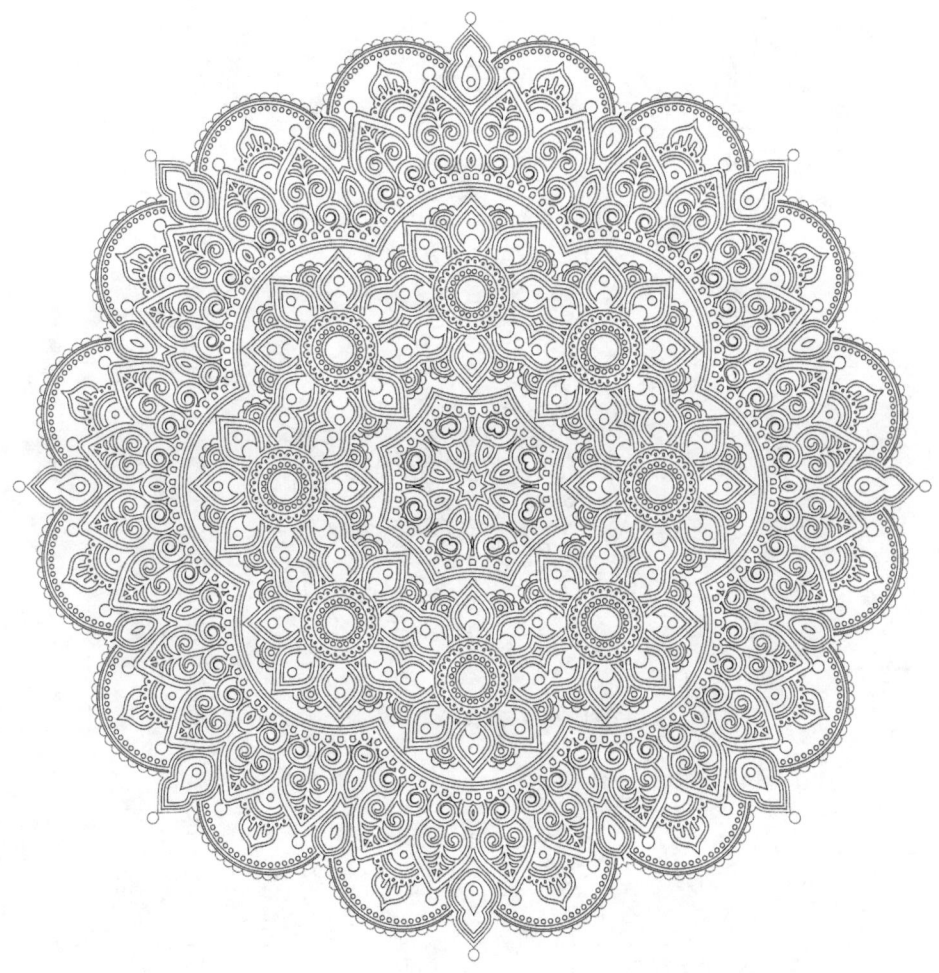

YANTRA
Coloring Page for Adults

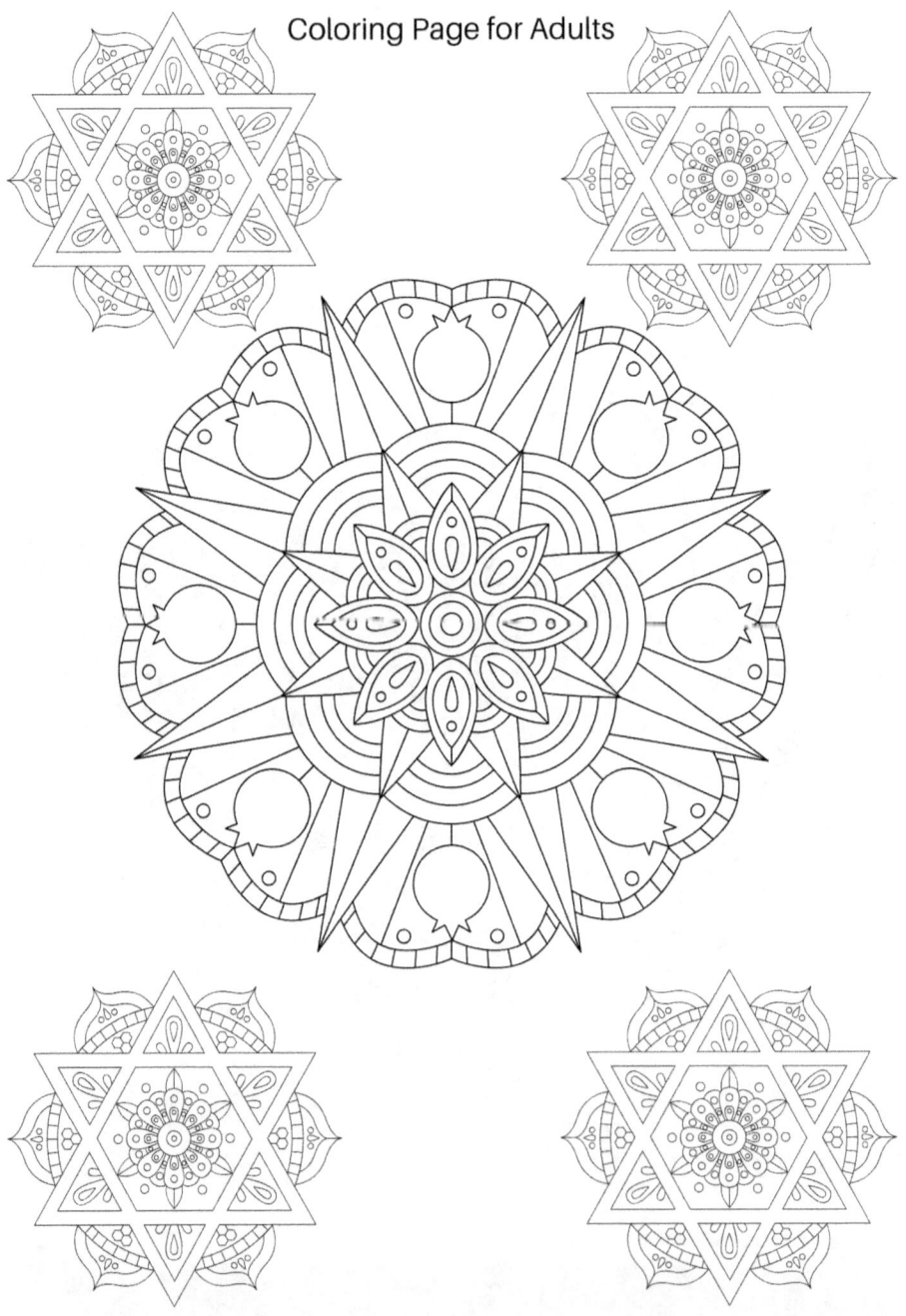

YANTRA
Coloring Page for Adults

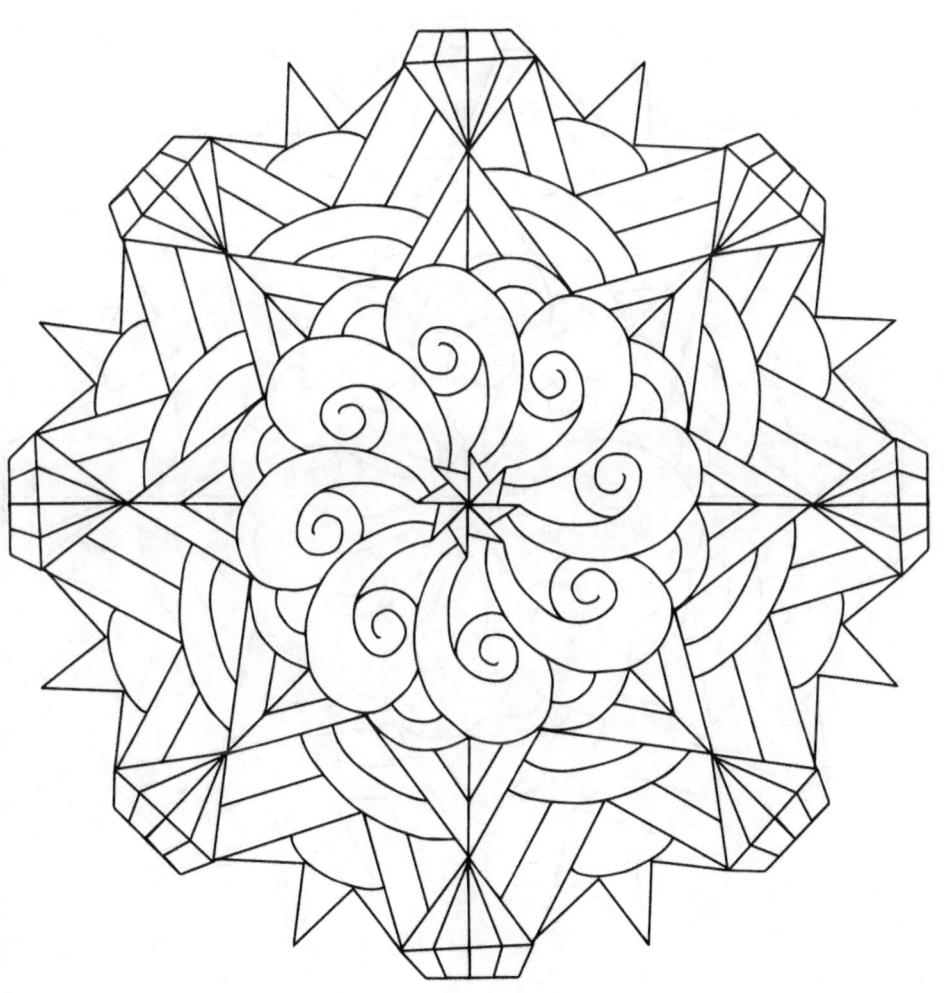

YANTRA

Coloring Page for Adults

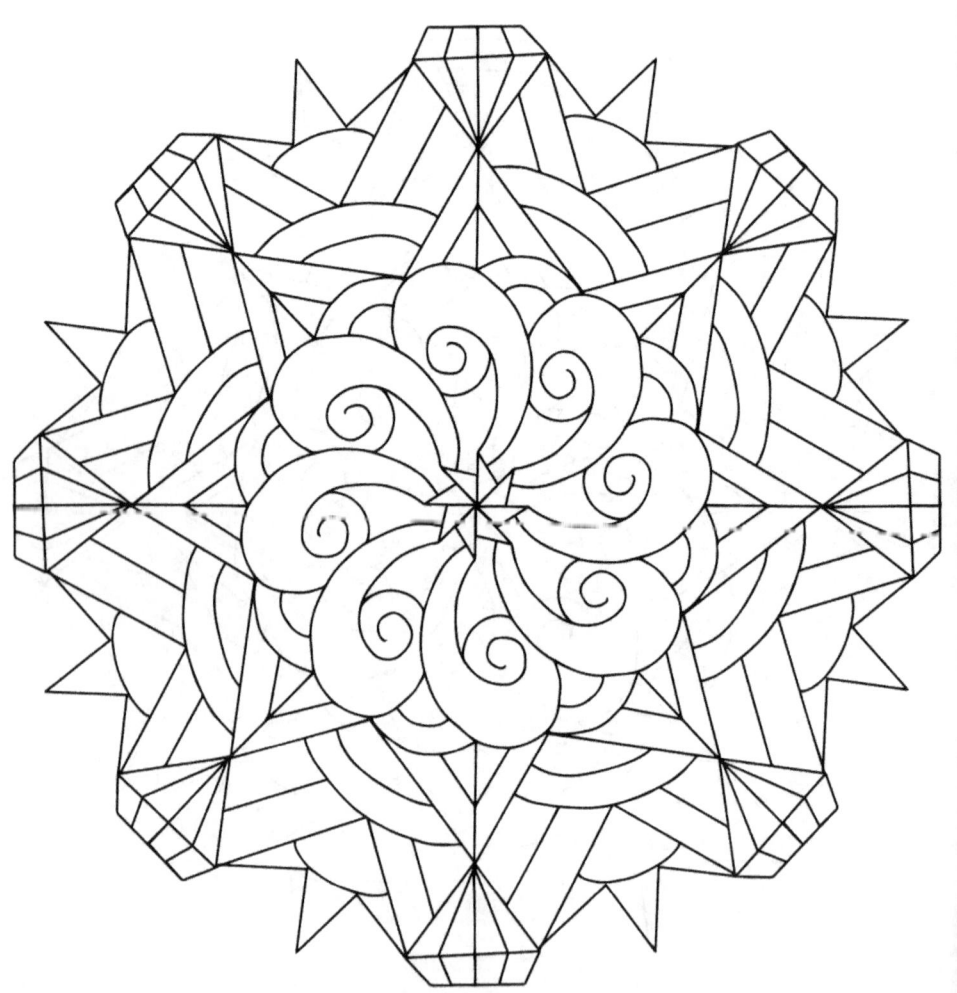

YANTRA

Coloring Page for Adults

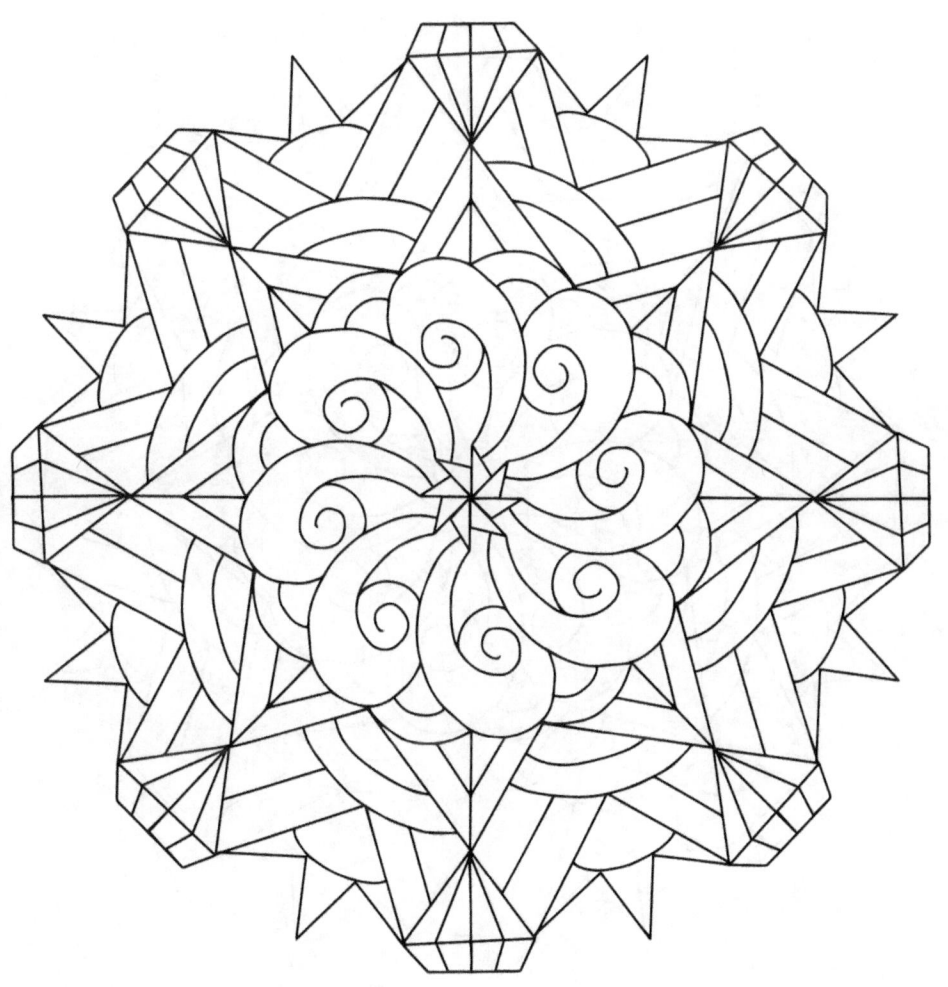

YANTRA

Coloring Page for Adults

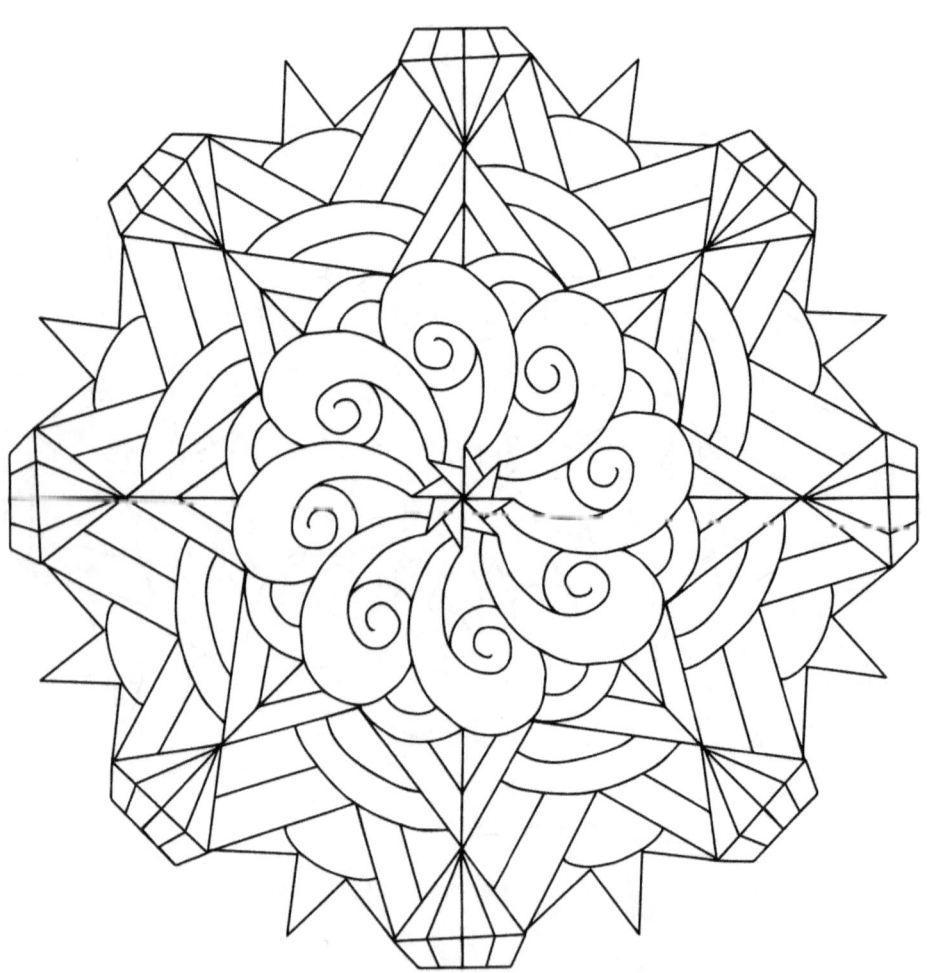

YANTRA

Coloring Page for Adults

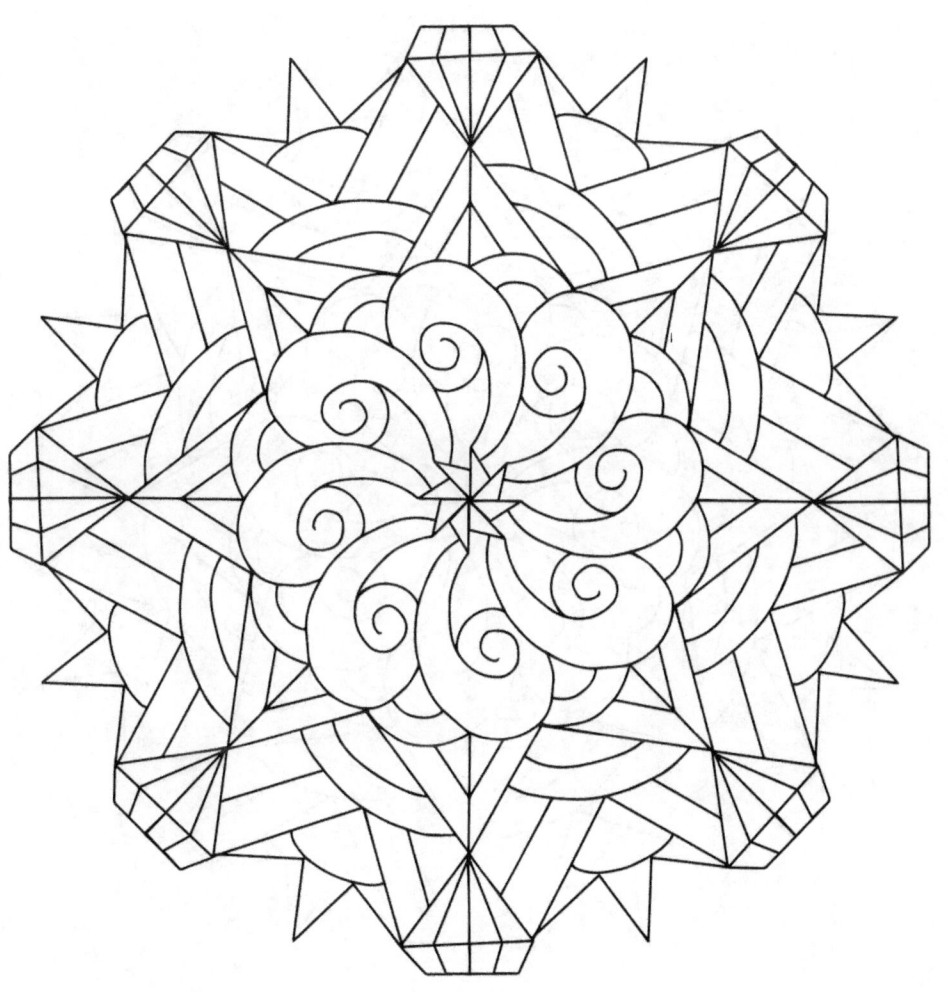

YANTRA

Coloring Page for Adults

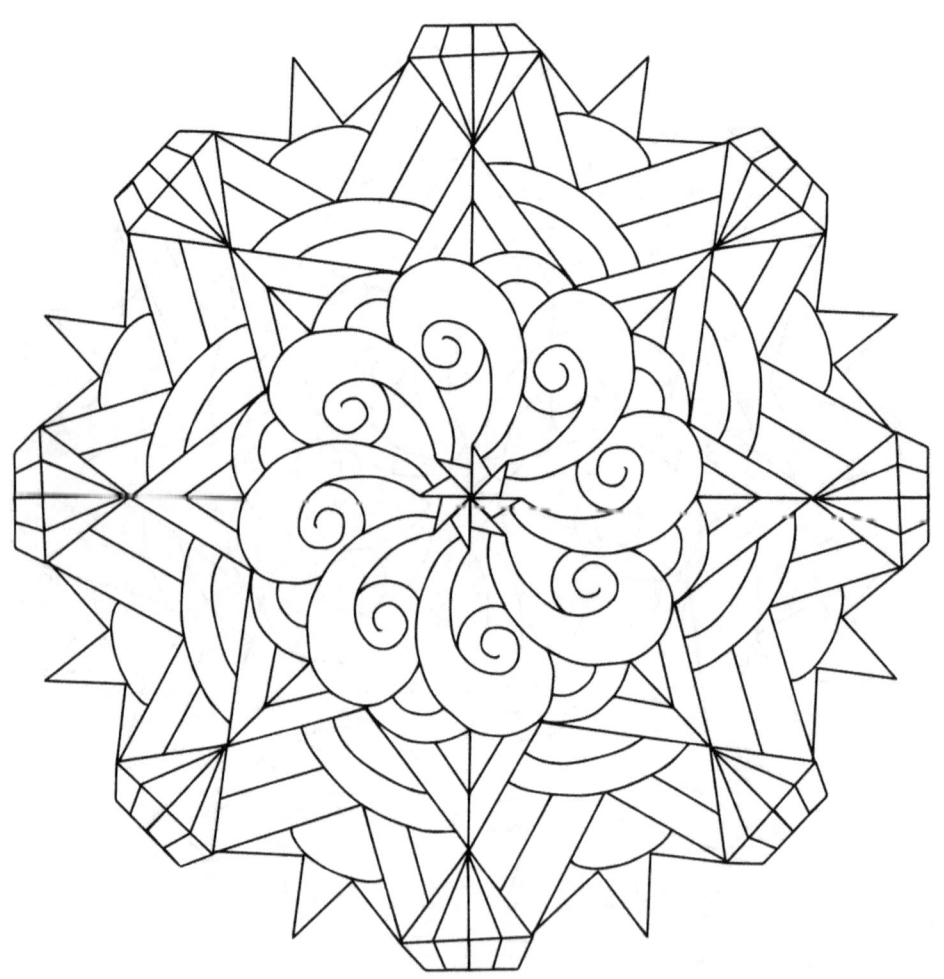

YANTRA
Coloring Page for Adults

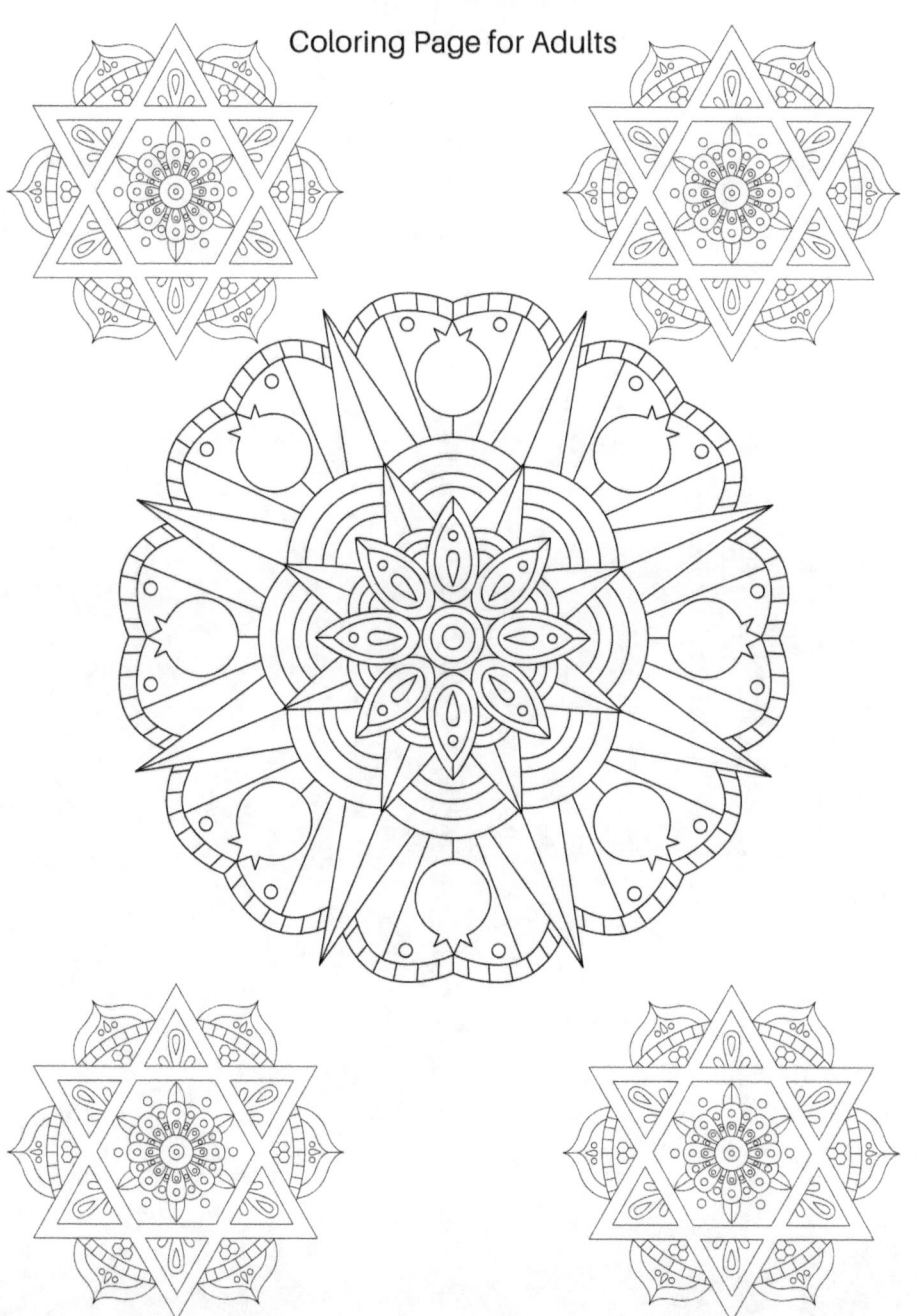

YANTRA
Coloring Page for Adults

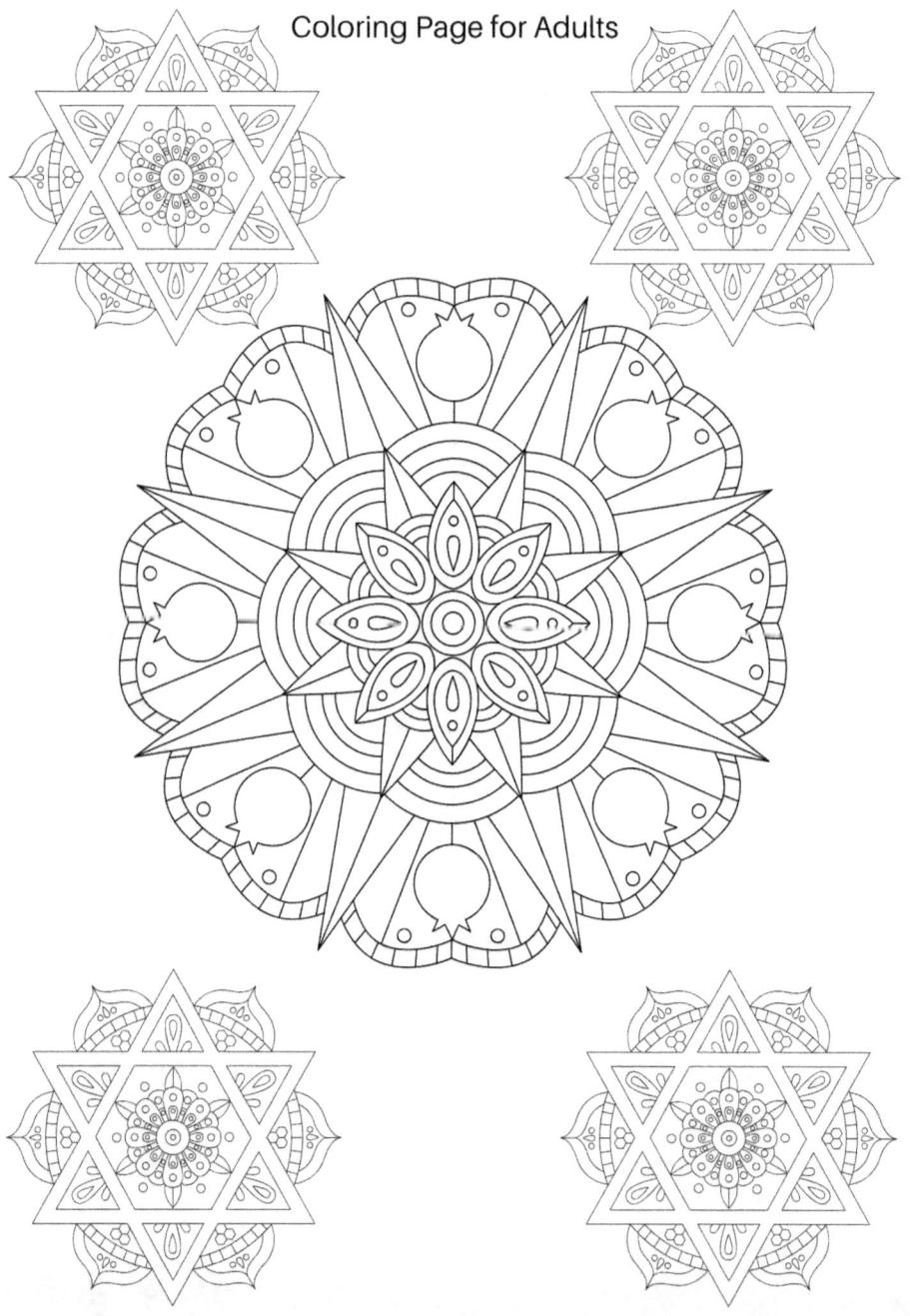

YANTRA

Coloring Page for Adults

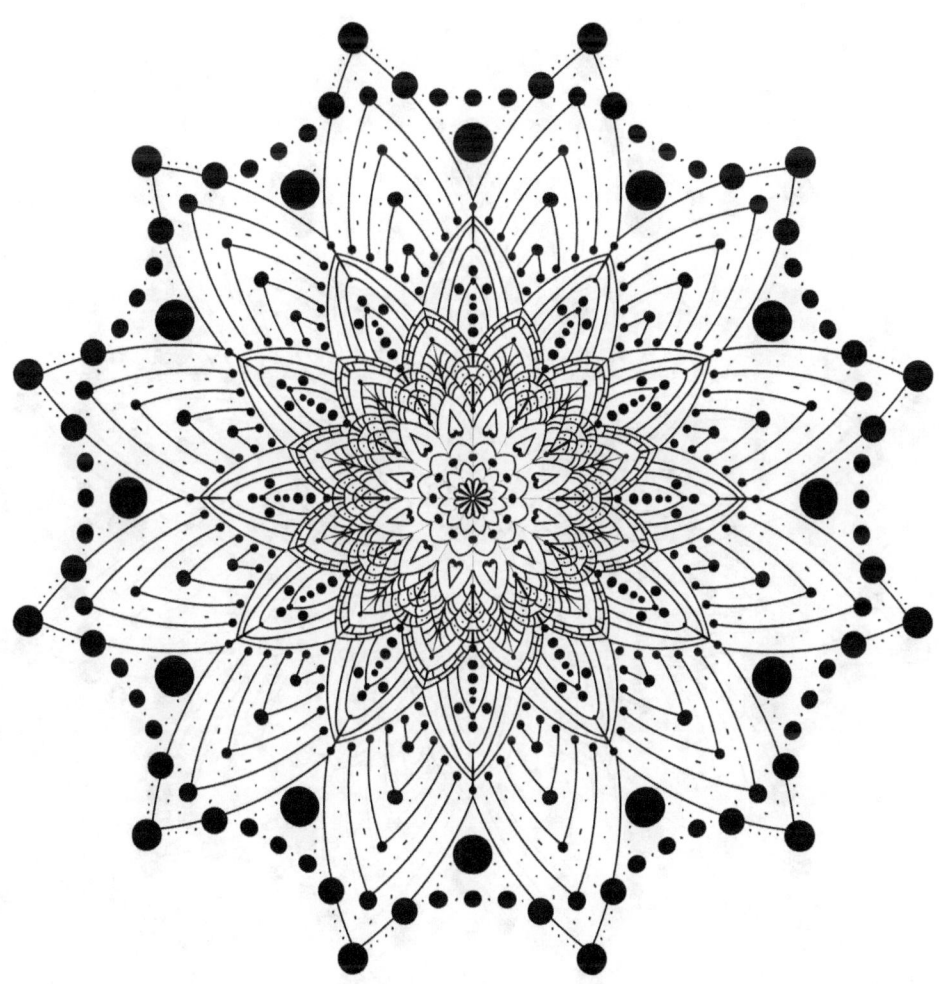

YANTRA
Coloring Page for Adults

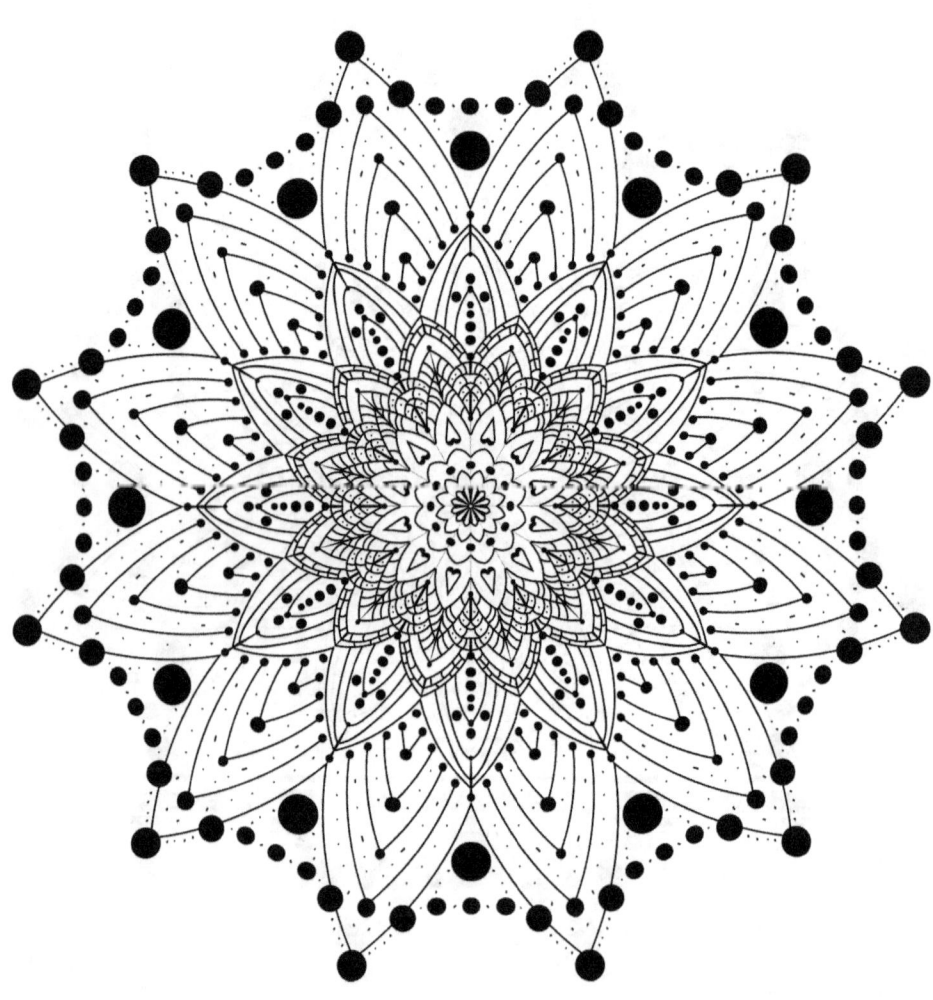

YANTRA

Coloring Page for Adults

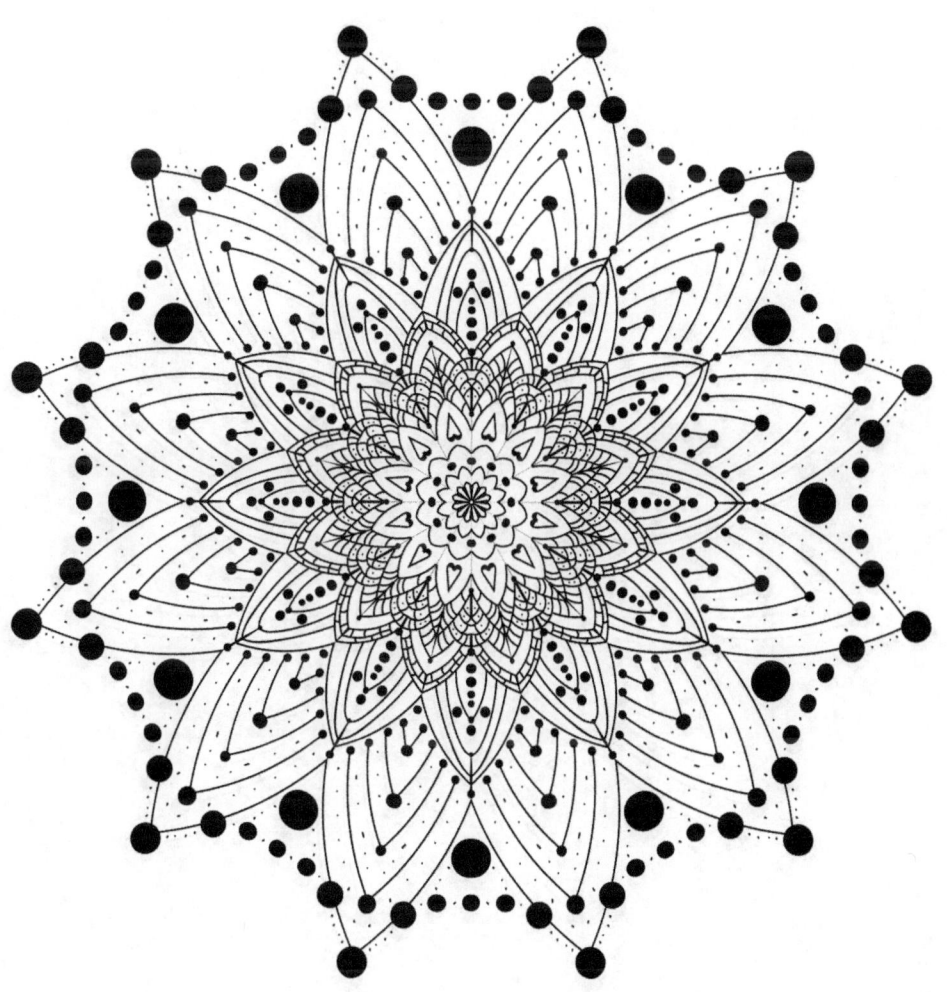

YANTRA

Coloring Page for Adults

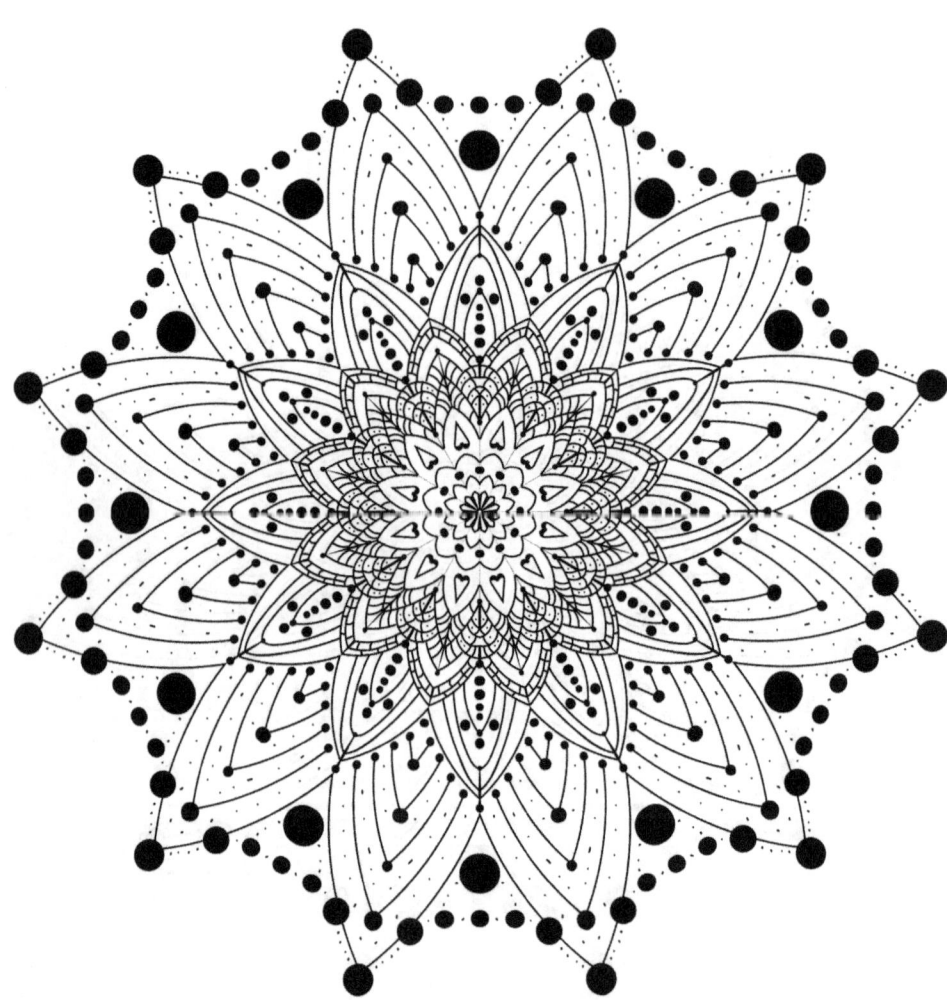

YANTRA
Coloring Page for Adults

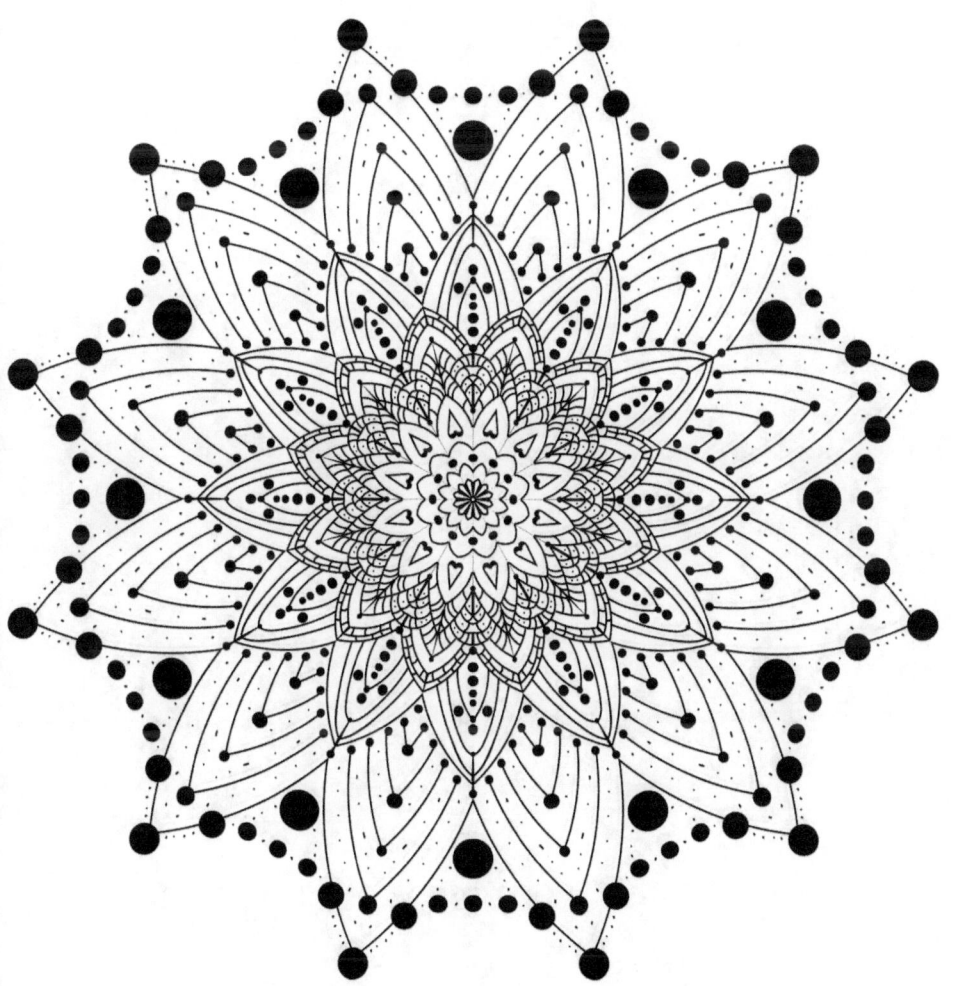

YANTRA

Coloring Page for Adults

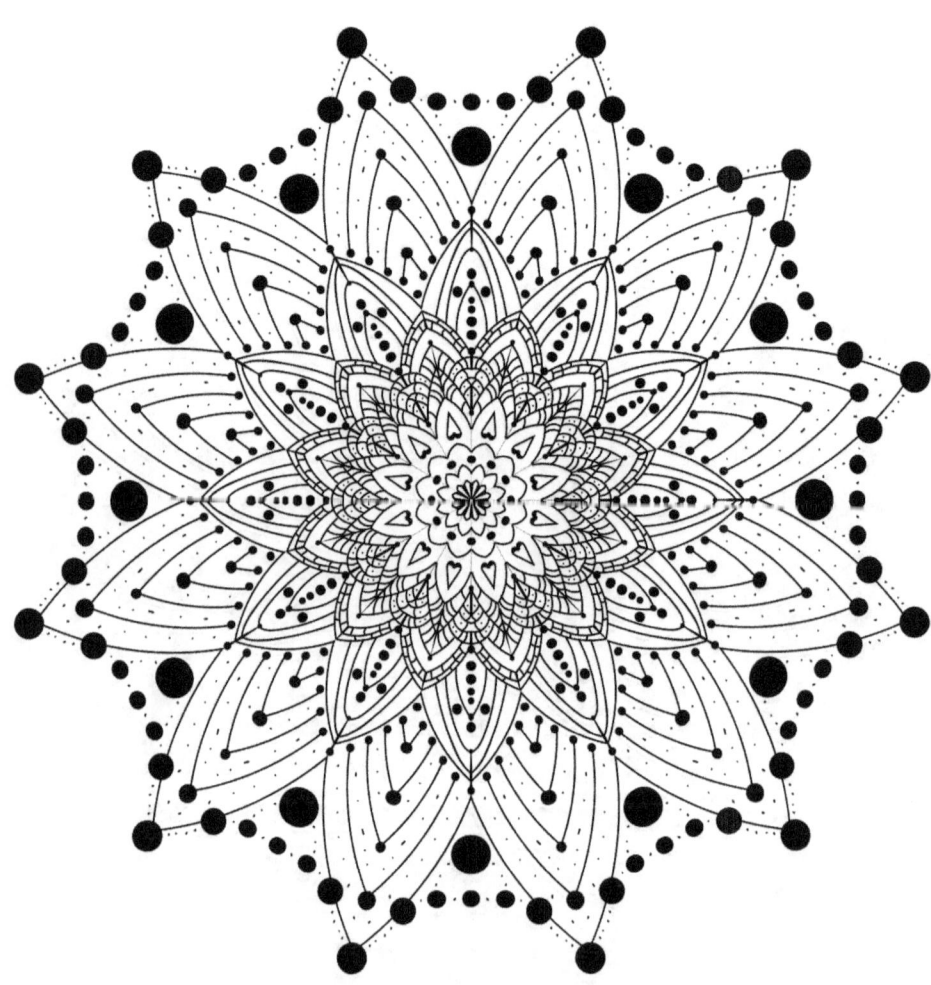

YANTRA
Coloring Page for Adults

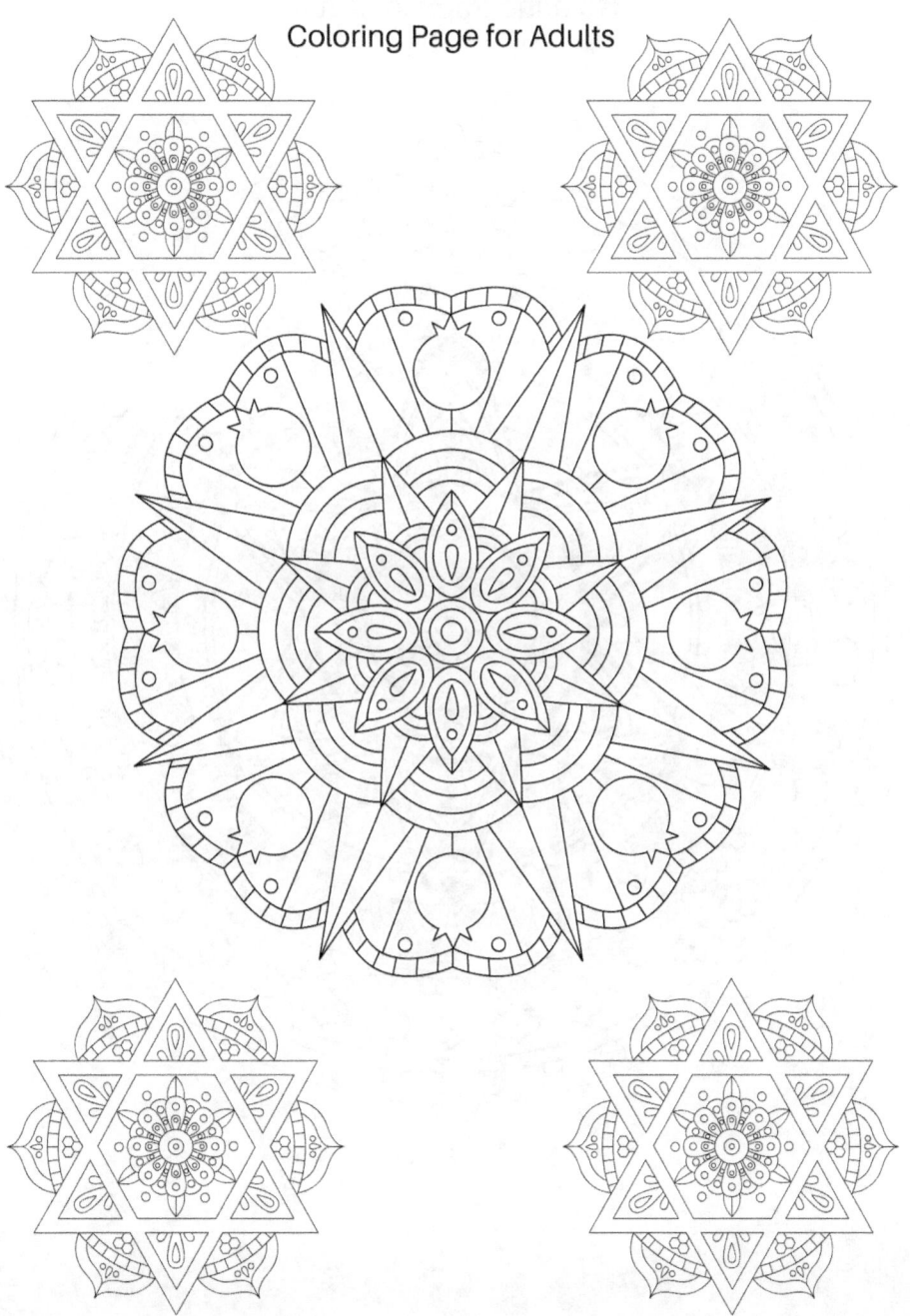

YANTRA

Coloring Page for Adults

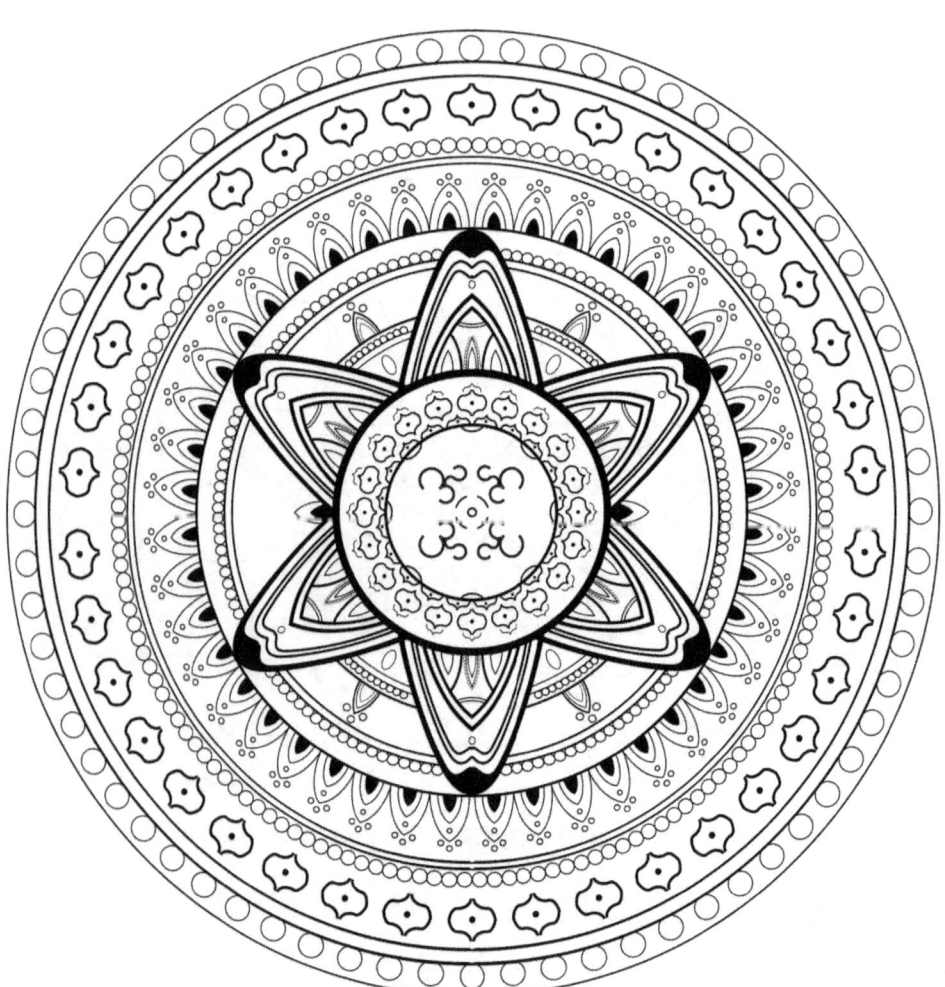

YANTRA
Coloring Page for Adults

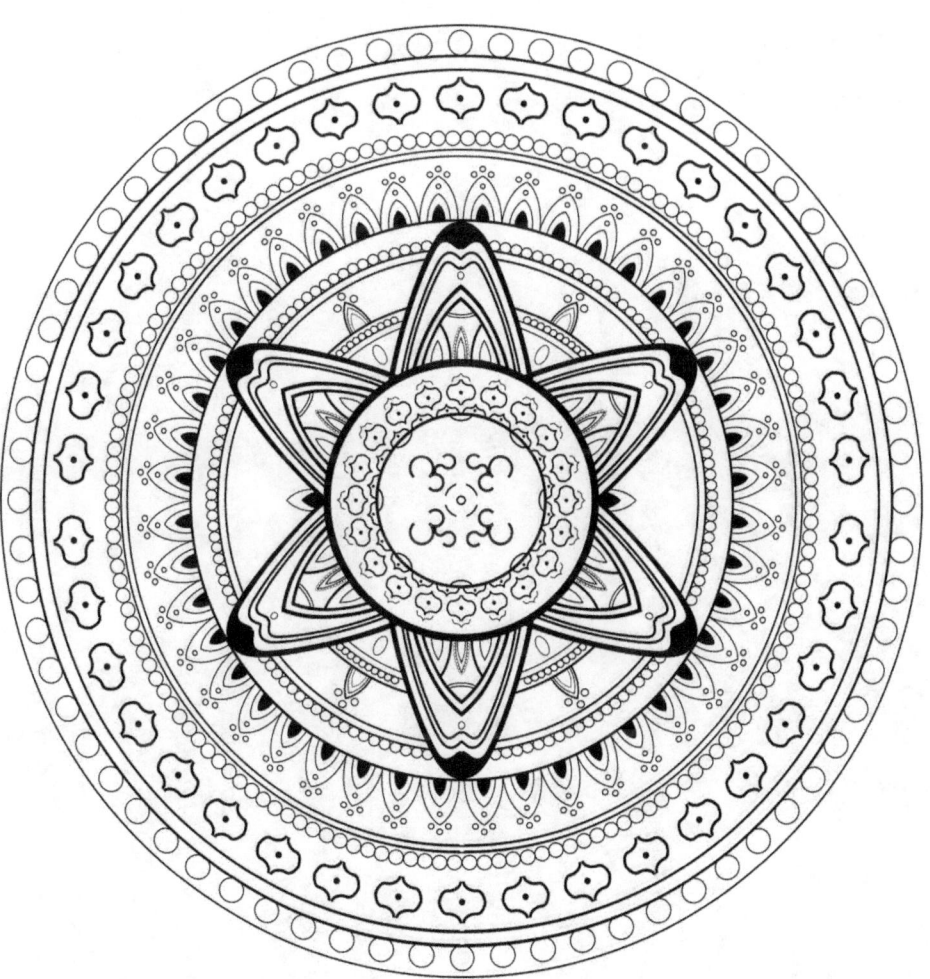

YANTRA

Coloring Page for Adults

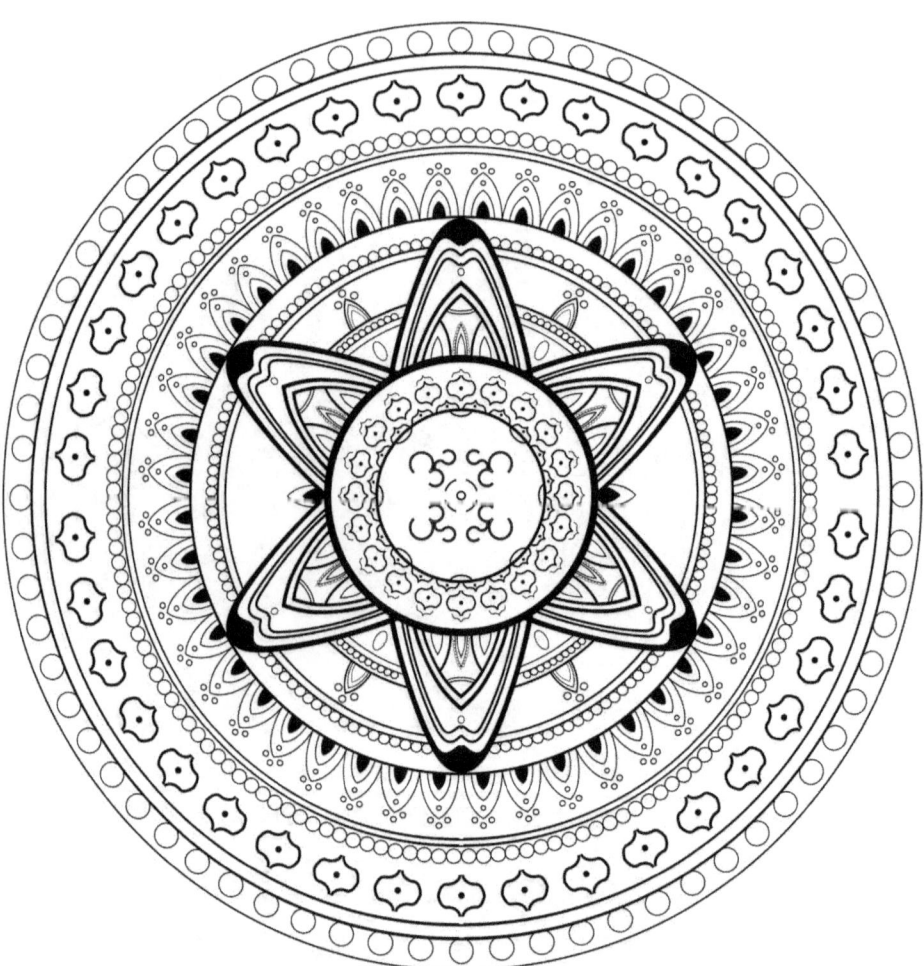

YANTRA
Coloring Page for Adults

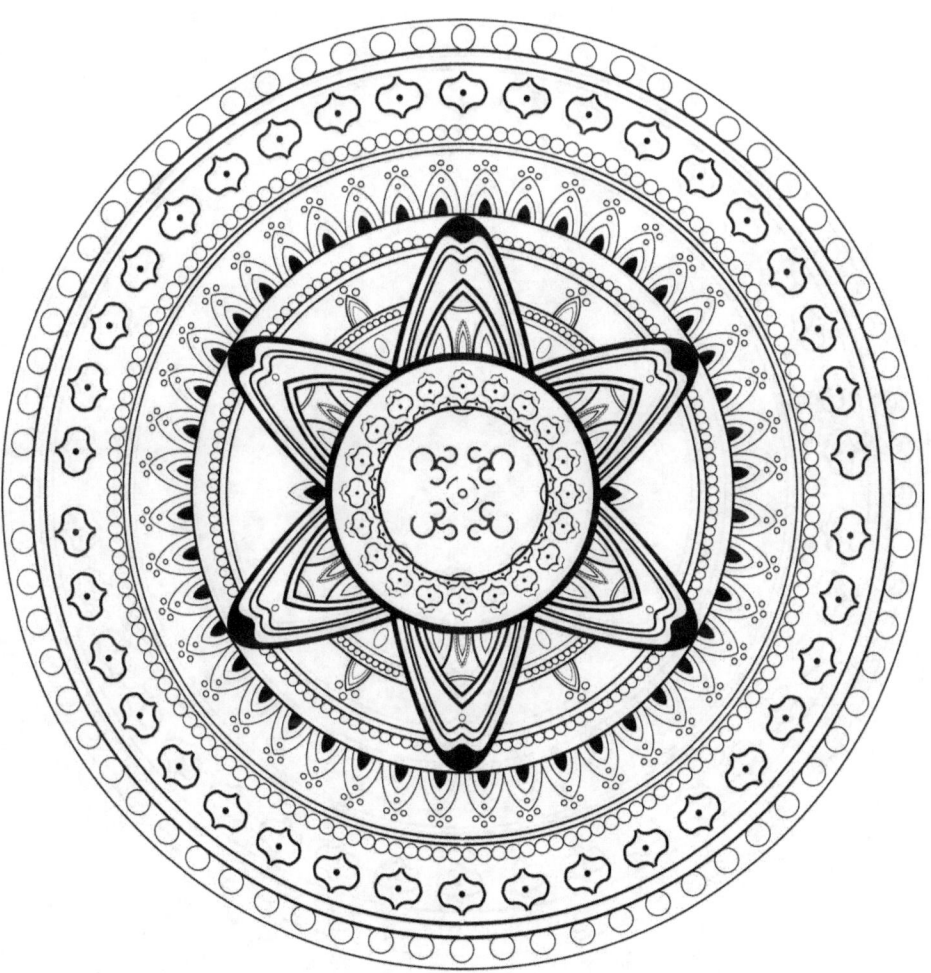

YANTRA

Coloring Page for Adults

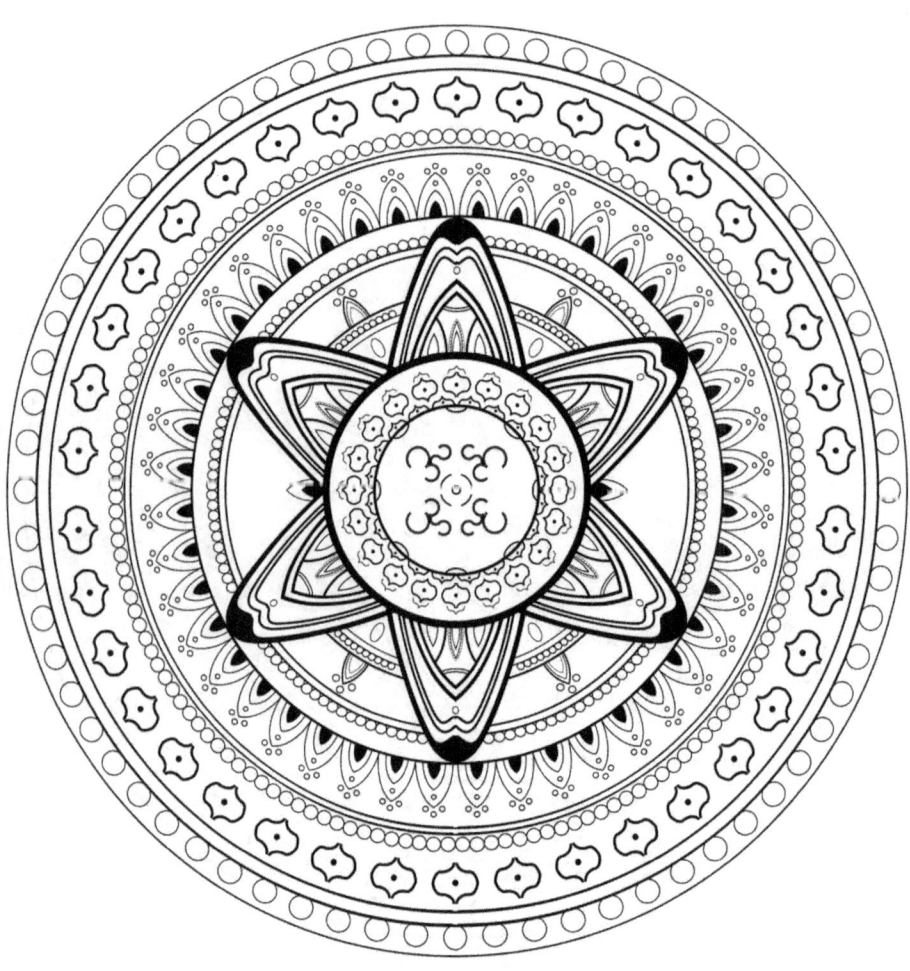

YANTRA
Coloring Page for Adults

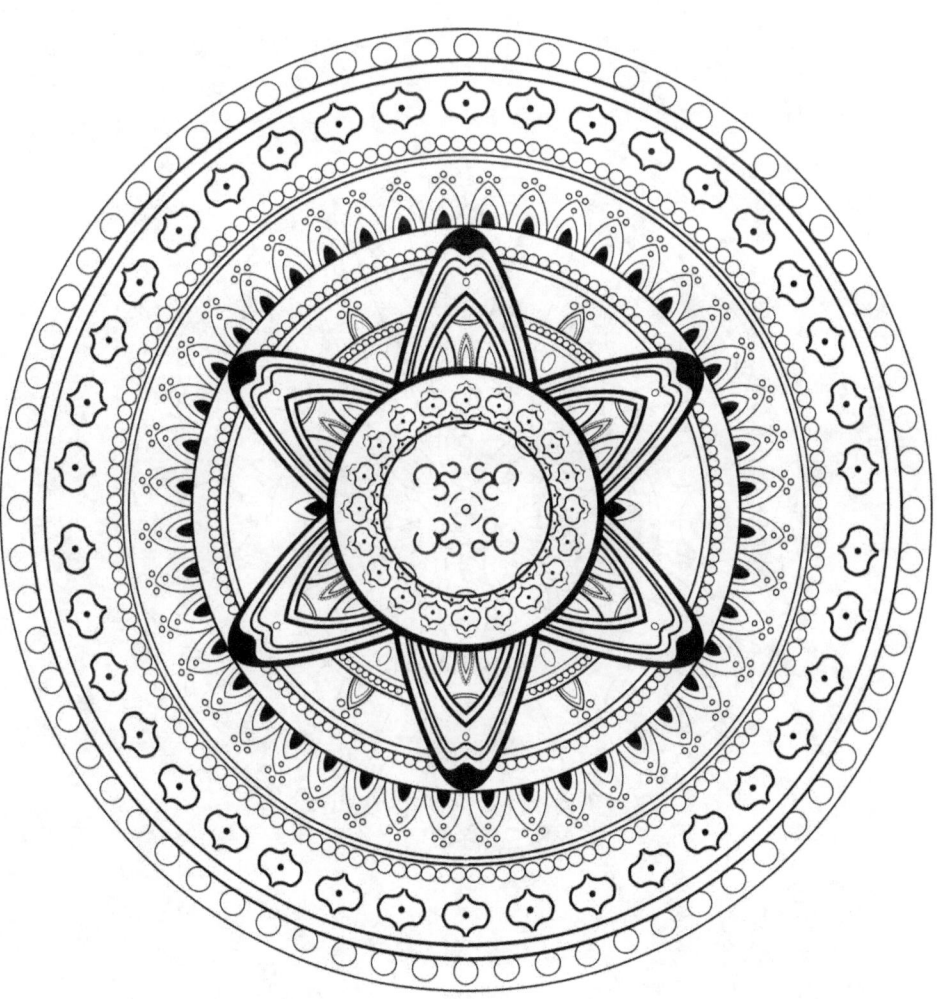

YANTRA
Coloring Page for Adults

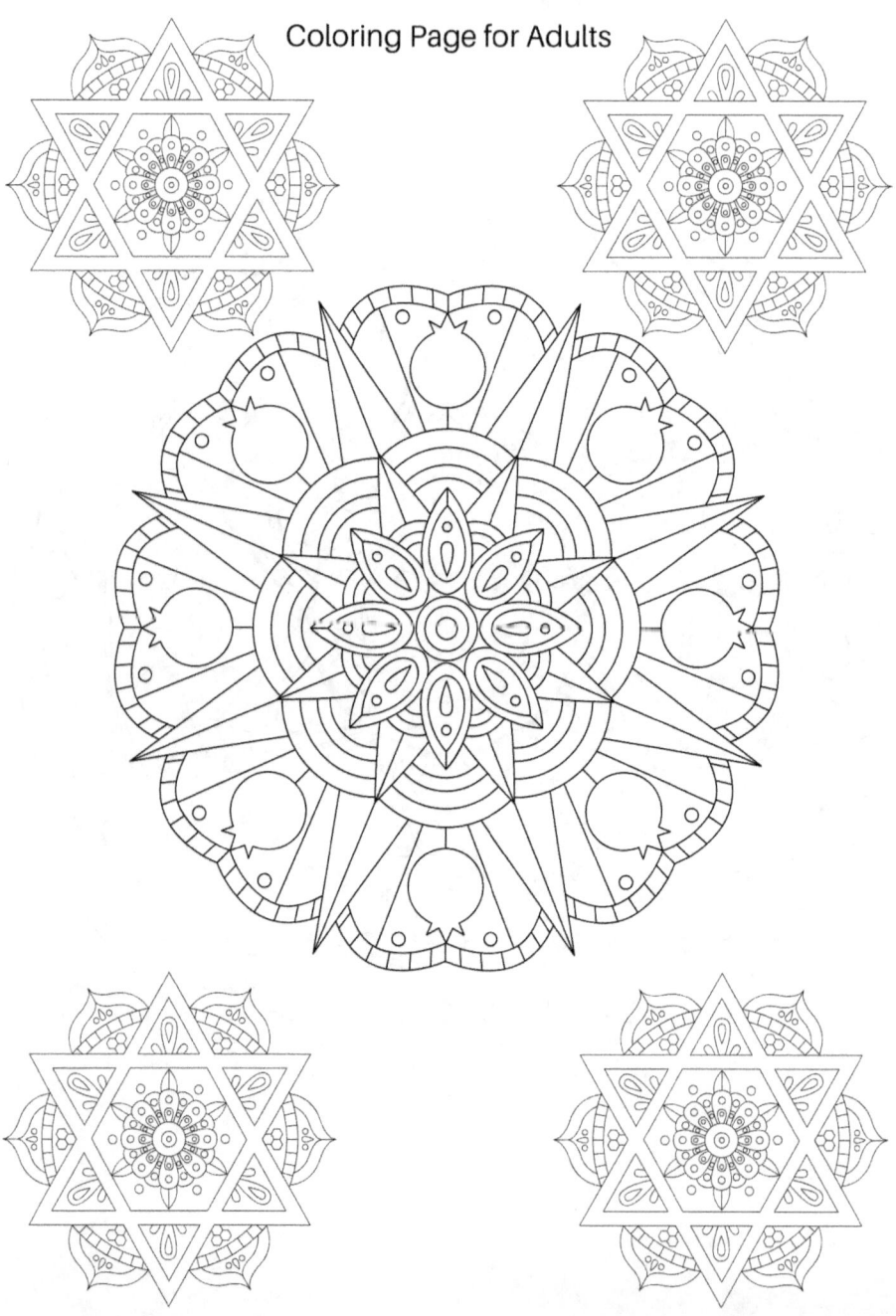

YANTRA
Coloring Page for Adults

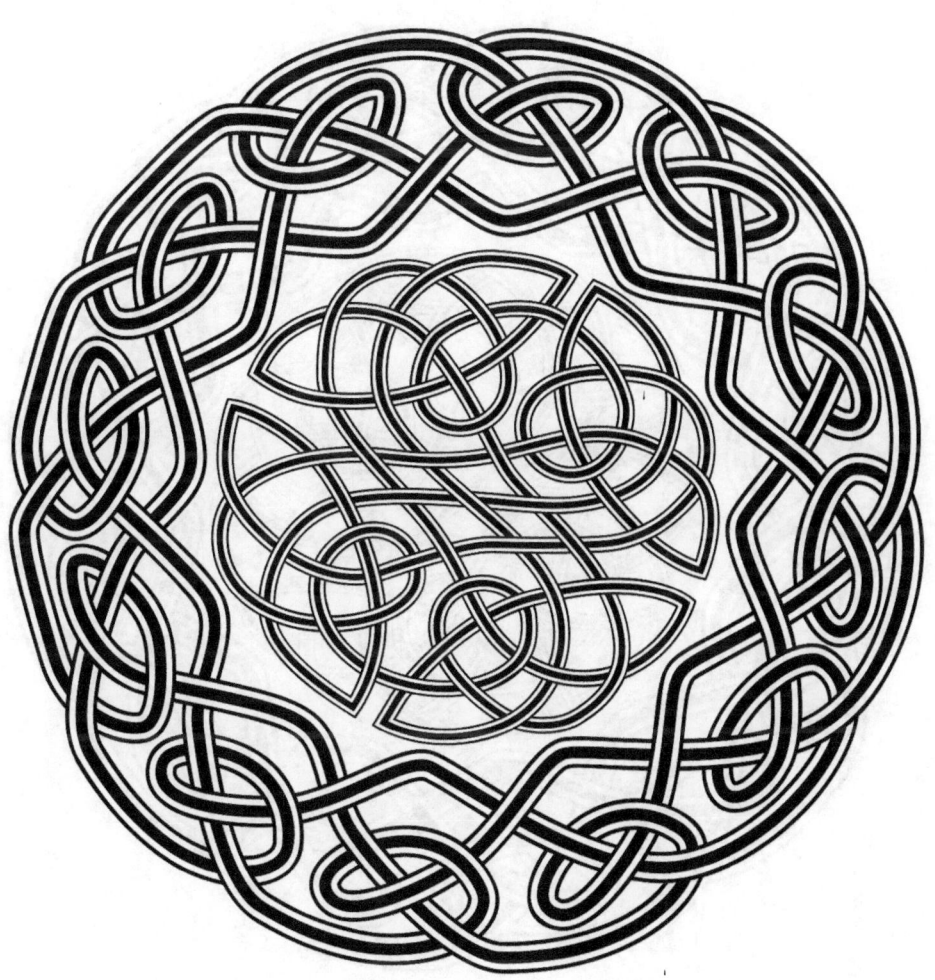

YANTRA

Coloring Page for Adults

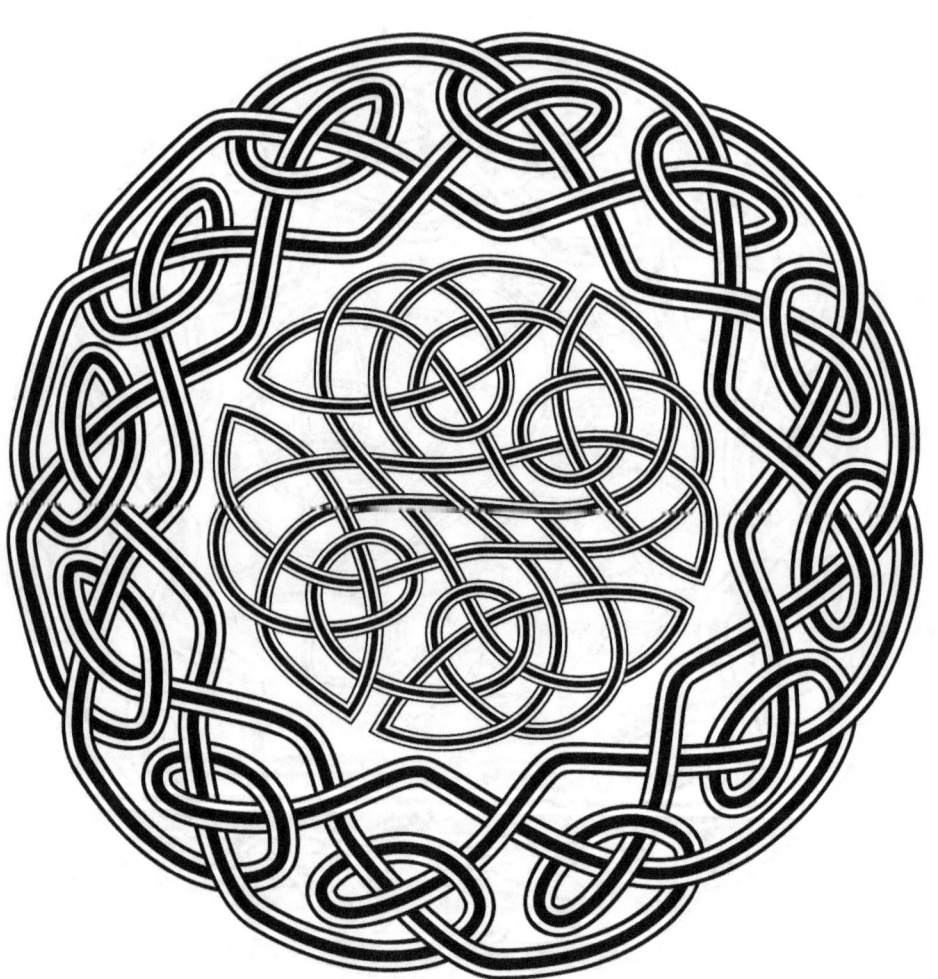

YANTRA

Coloring Page for Adults

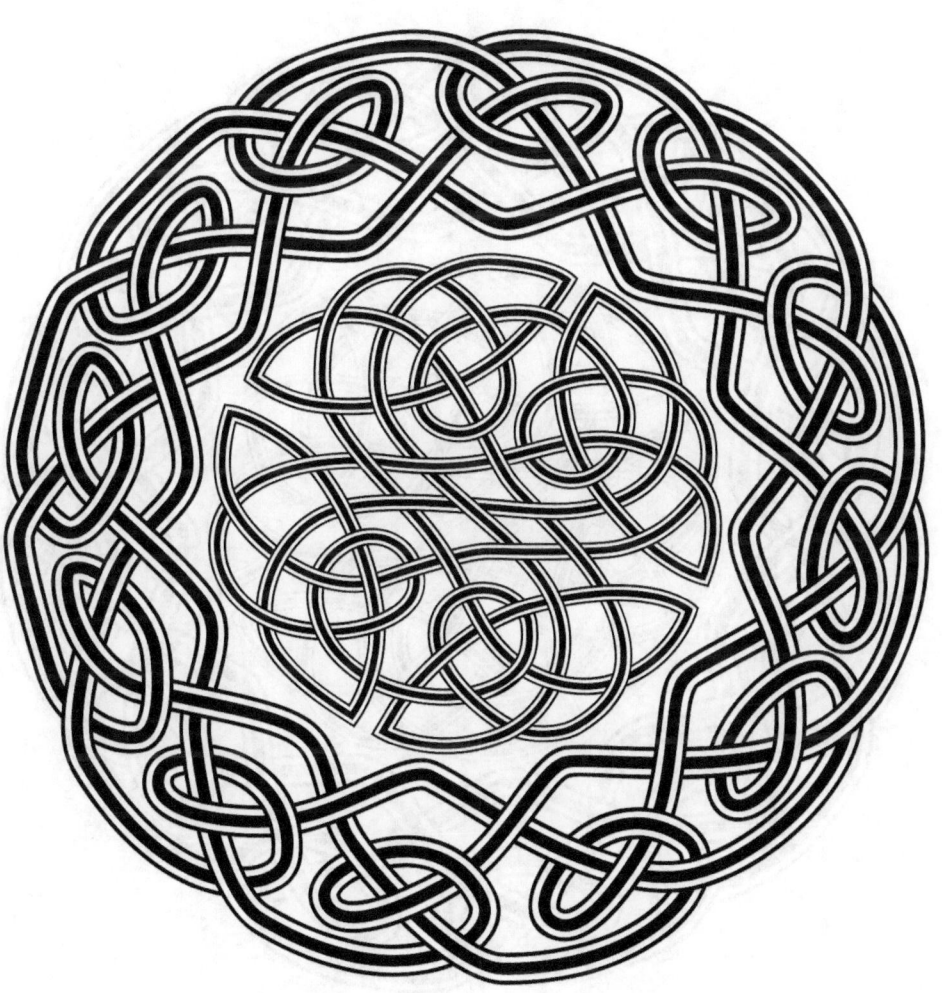

YANTRA

Coloring Page for Adults

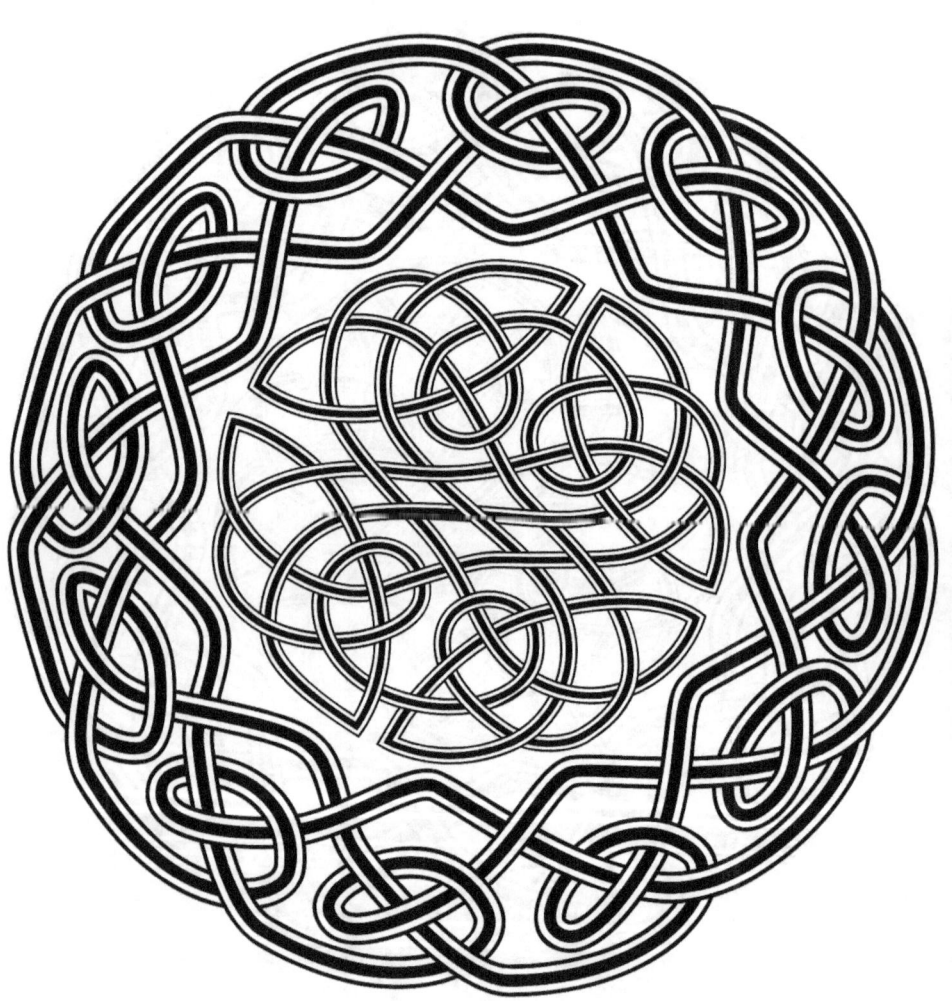

YANTRA

Coloring Page for Adults

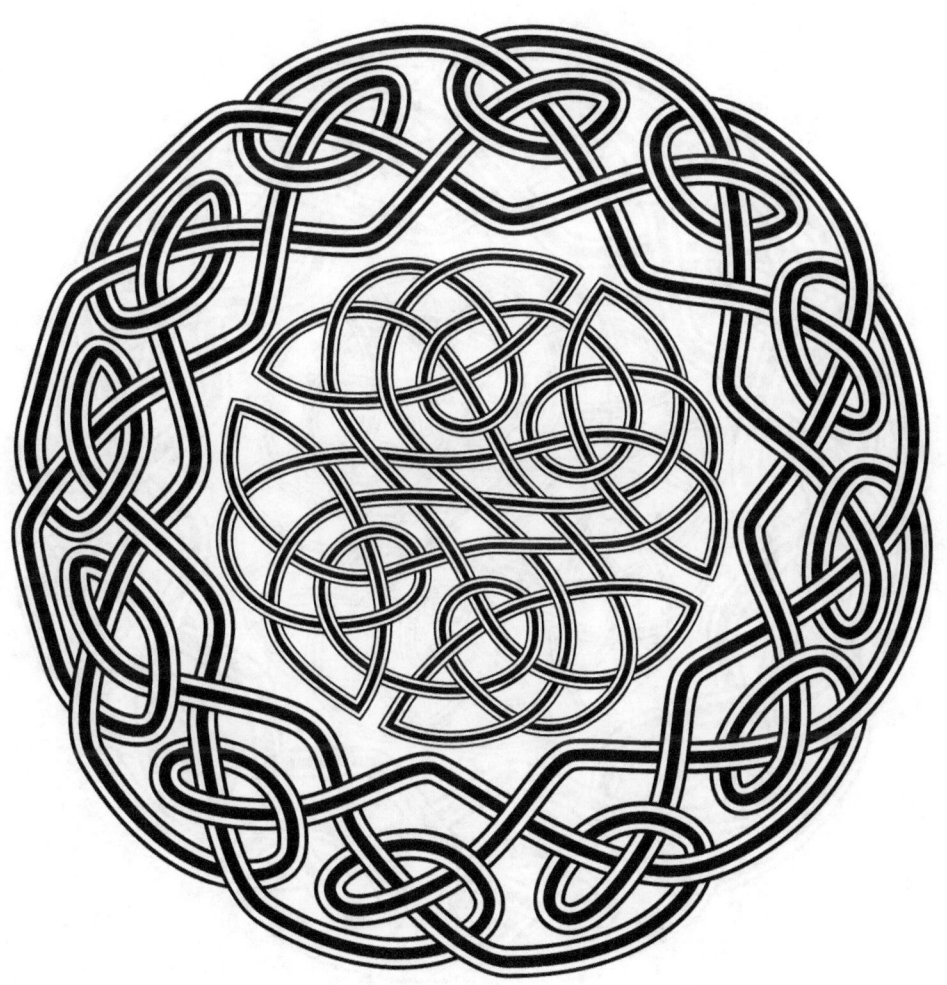

YANTRA

Coloring Page for Adults

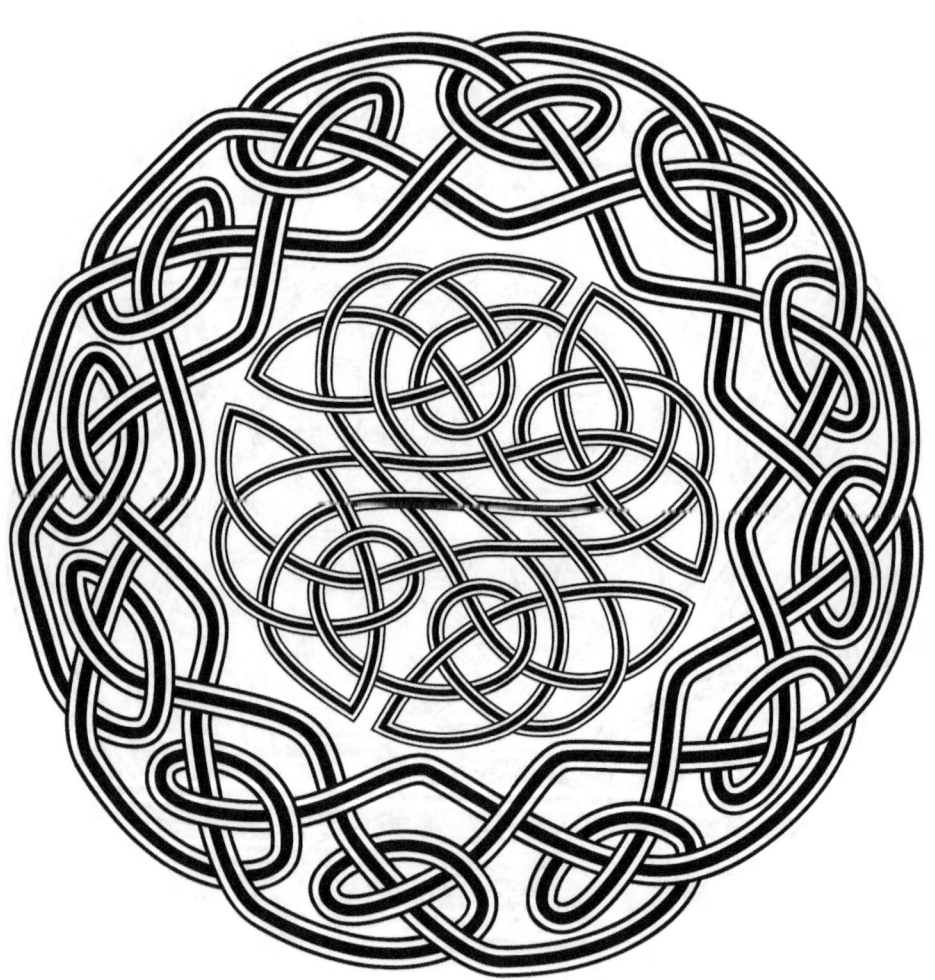

YANTRA
Coloring Page for Adults

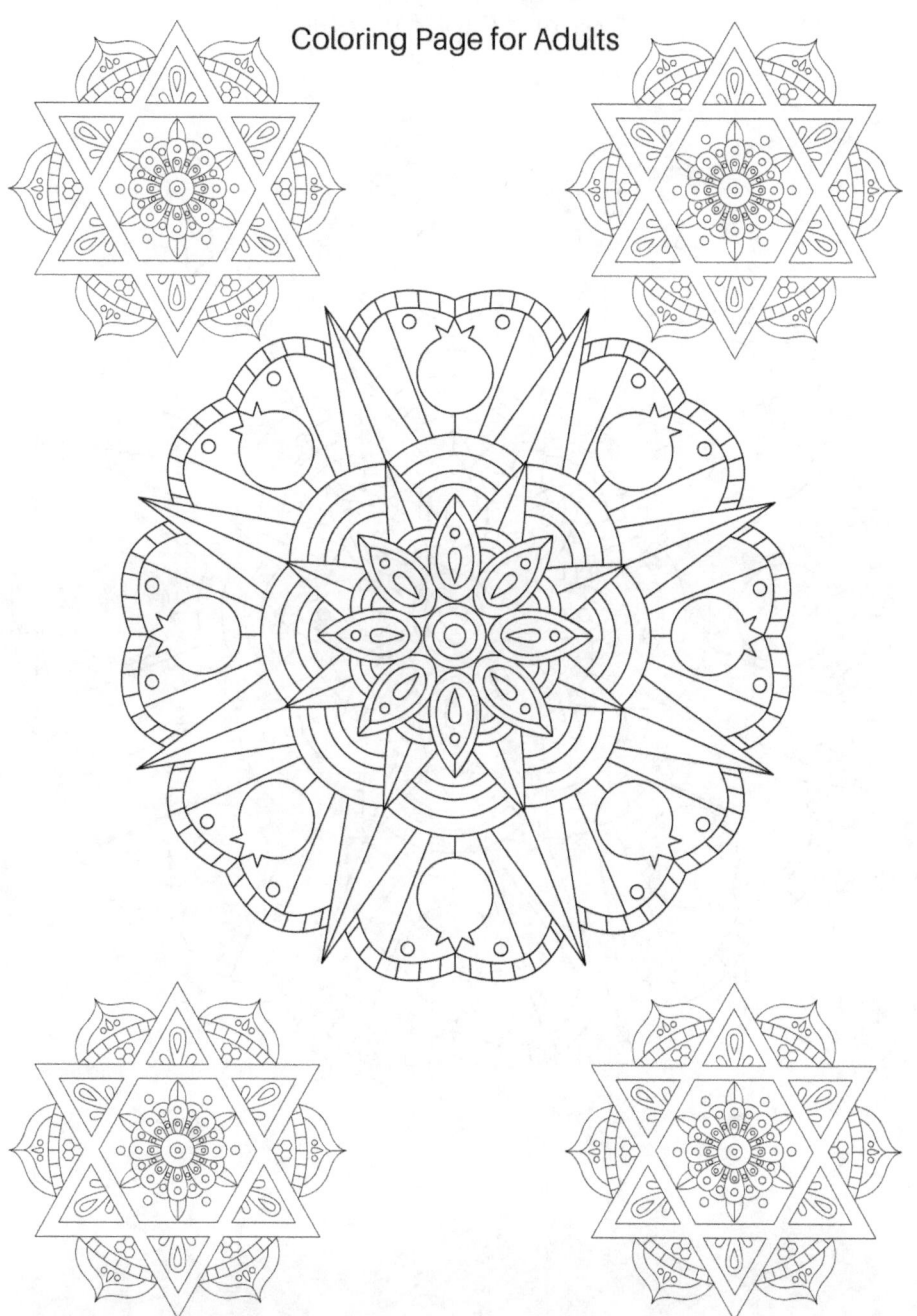

YANTRA

Coloring Page for Adults

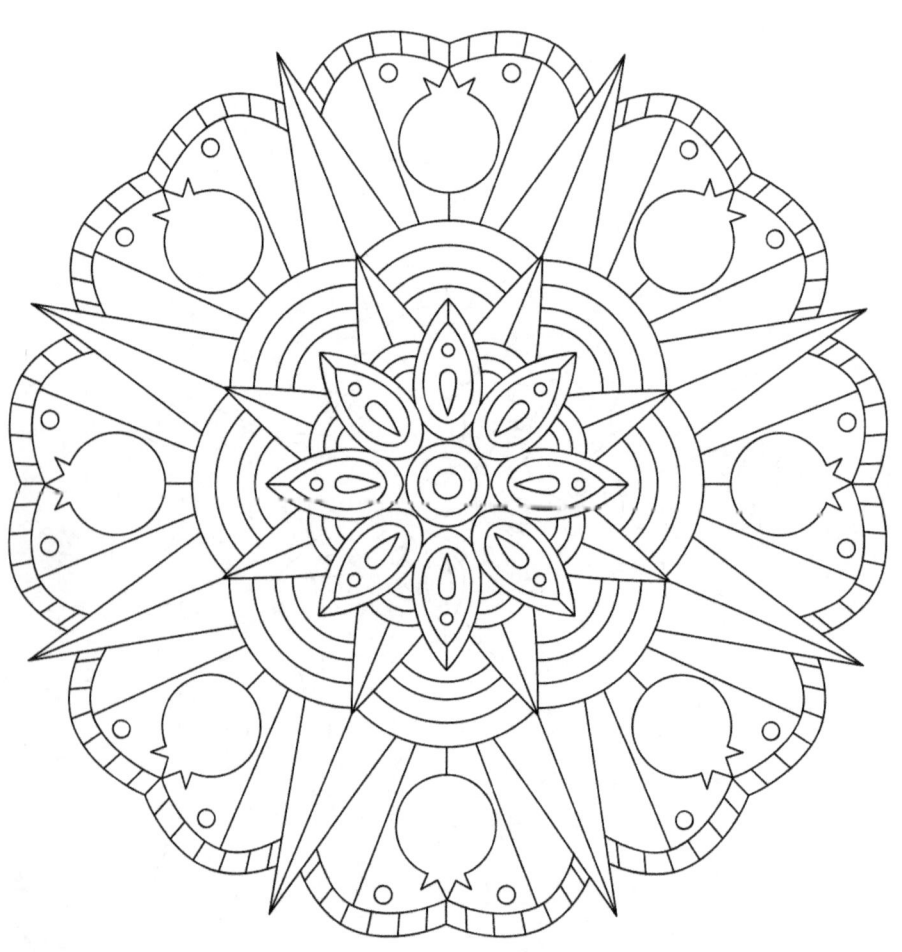

YANTRA
Coloring Page for Adults

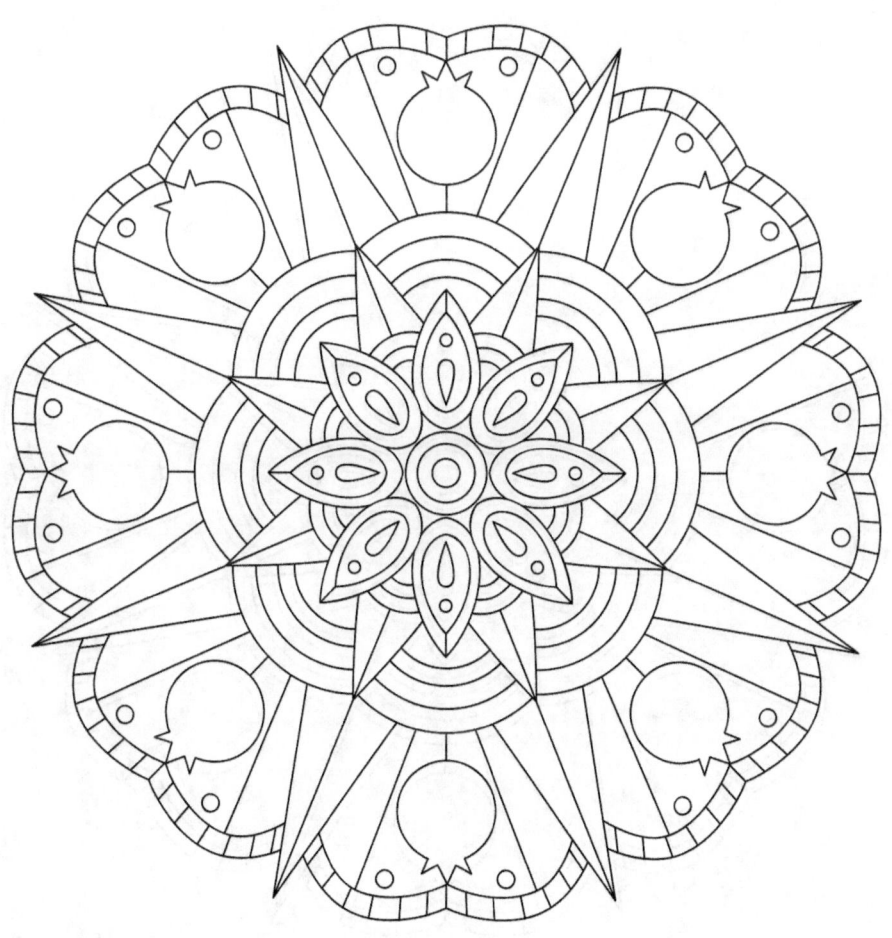

YANTRA
Coloring Page for Adults

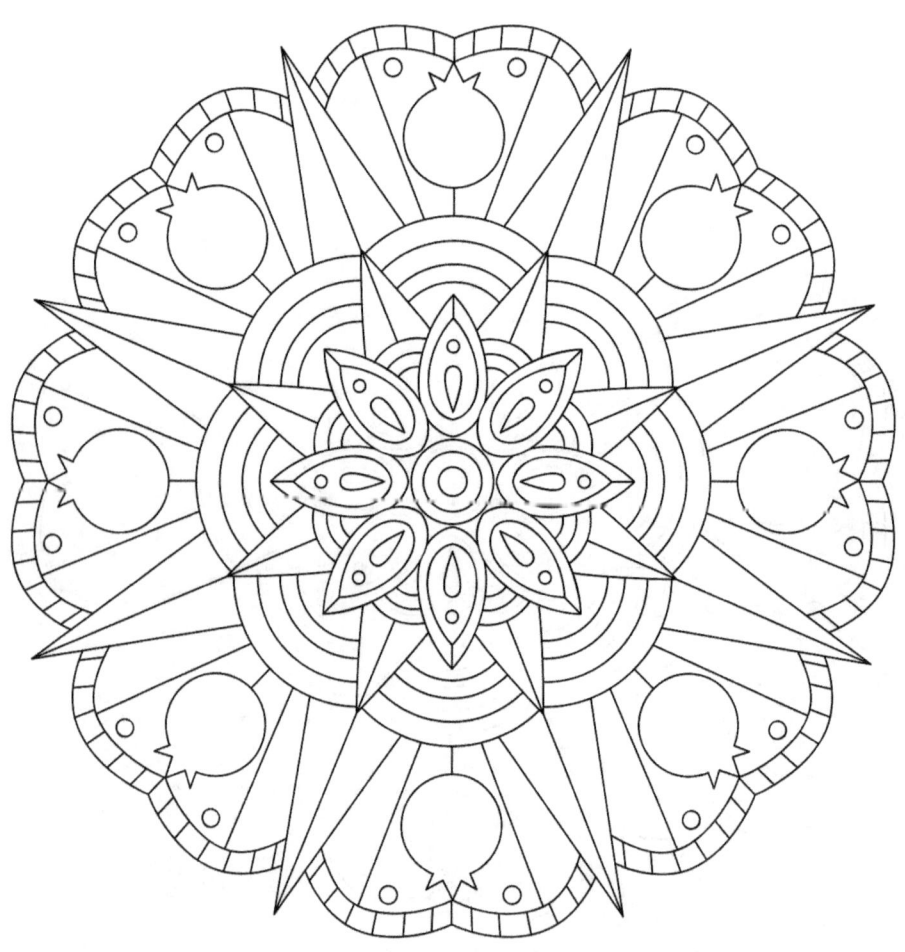

YANTRA

Coloring Page for Adults

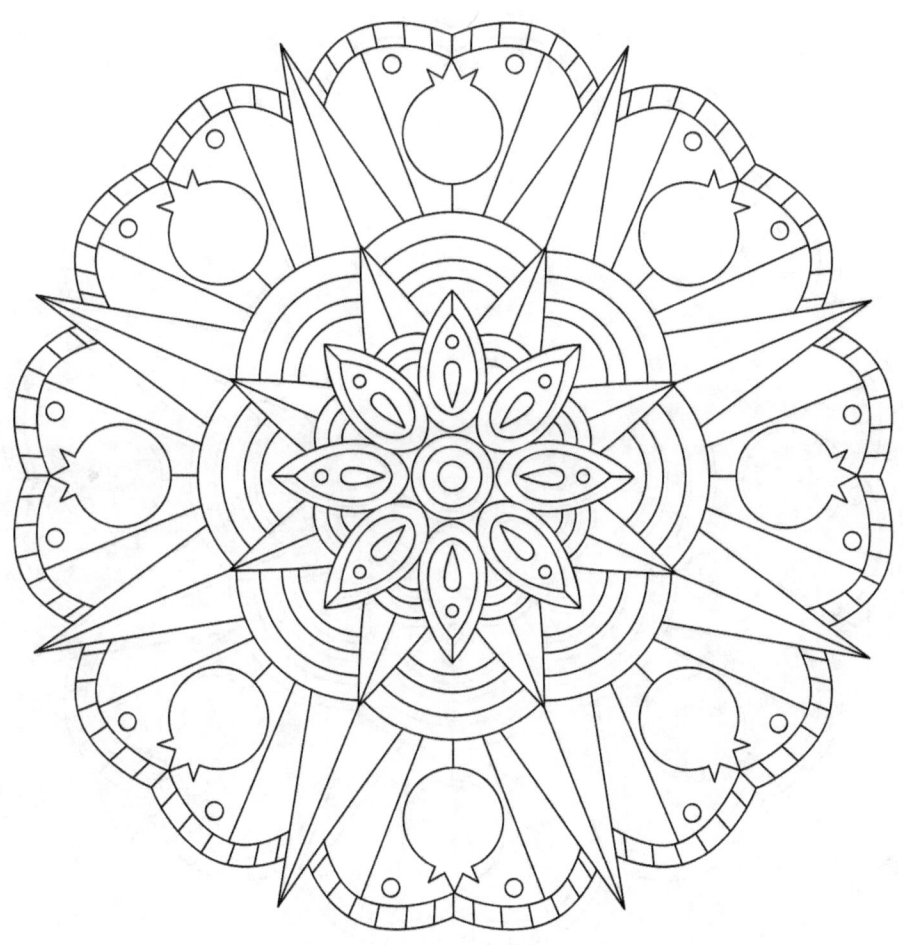

YANTRA

Coloring Page for Adults

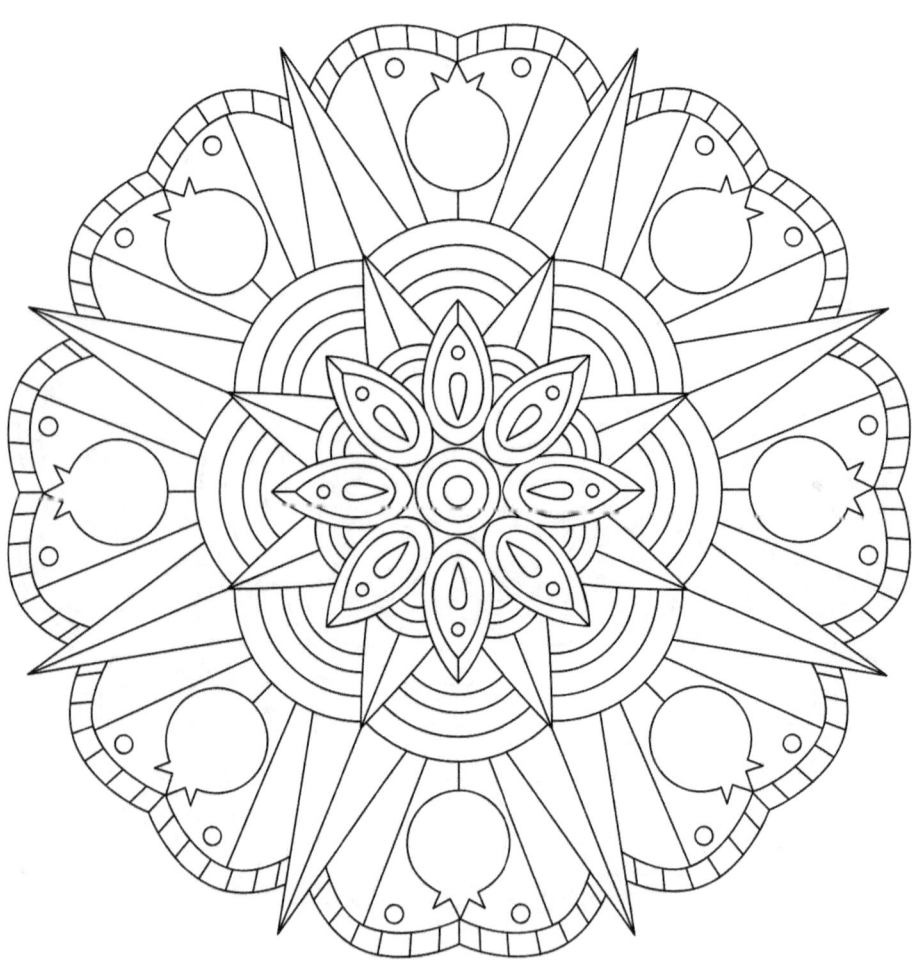

YANTRA

Coloring Page for Adults

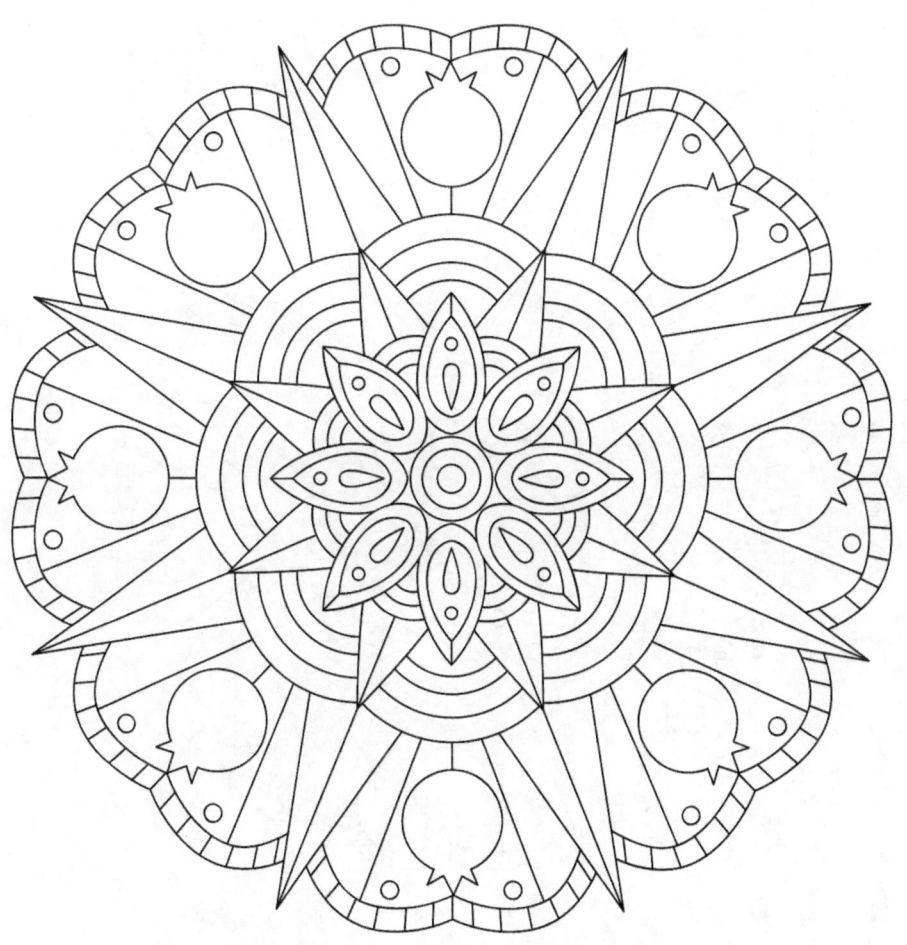

YANTRA
Coloring Page for Adults

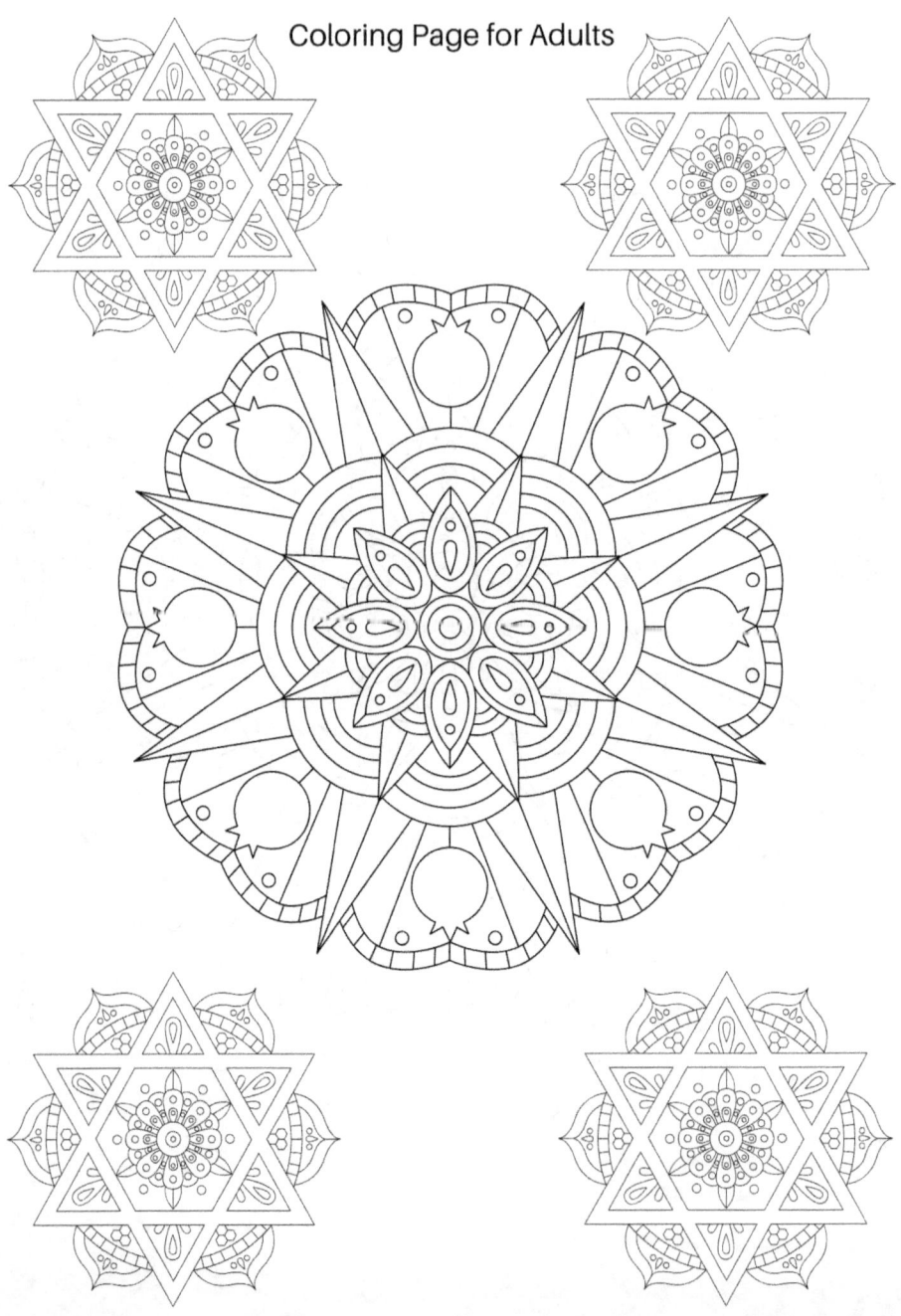

YANTRA

Coloring Page for Adults

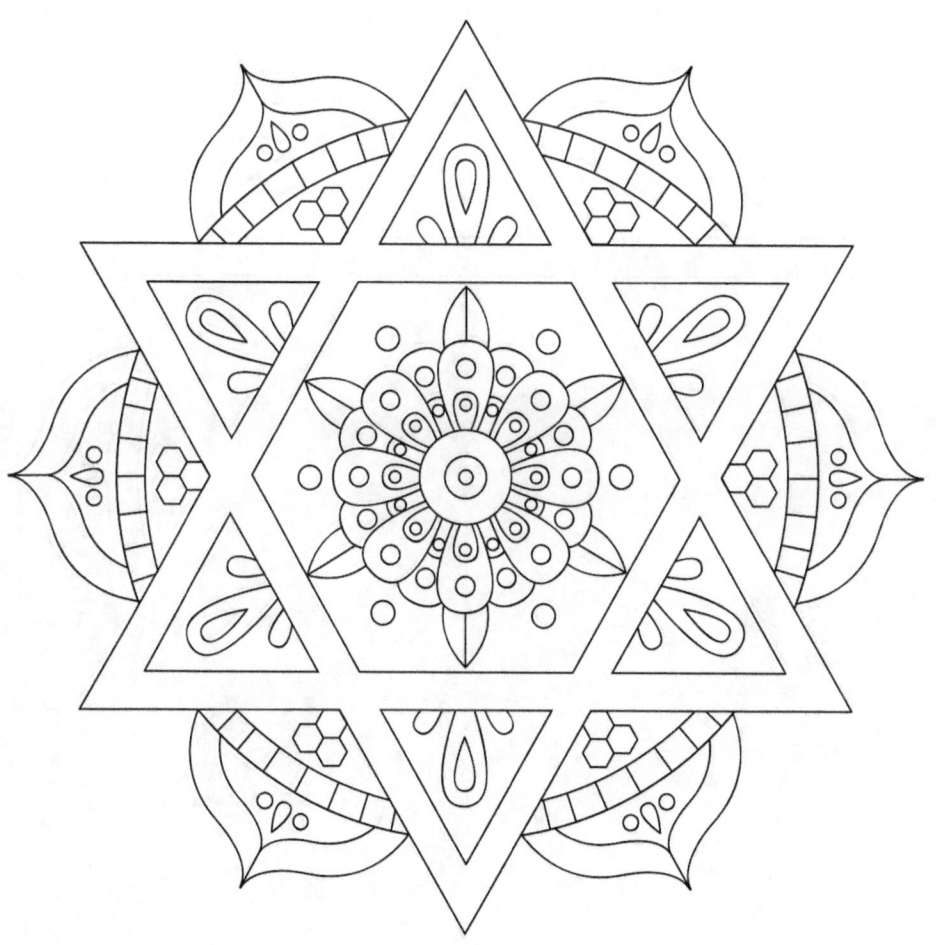

YANTRA
Coloring Page for Adults

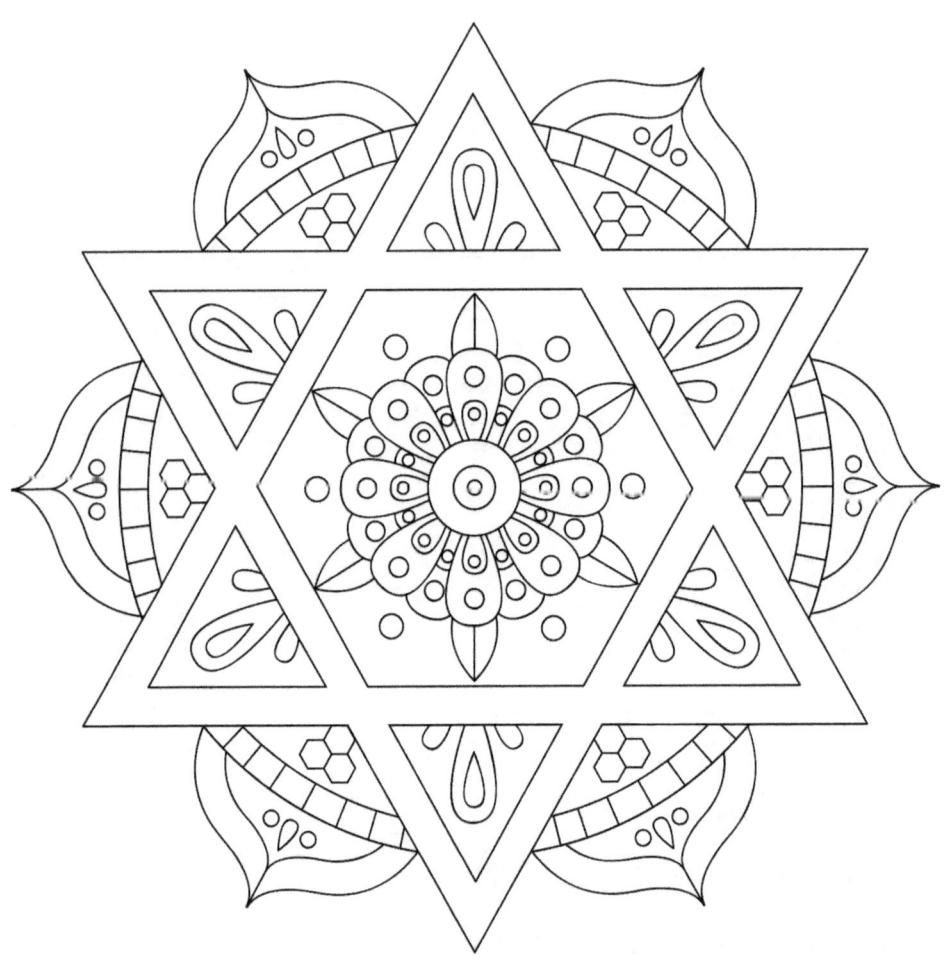

YANTRA
Coloring Page for Adults

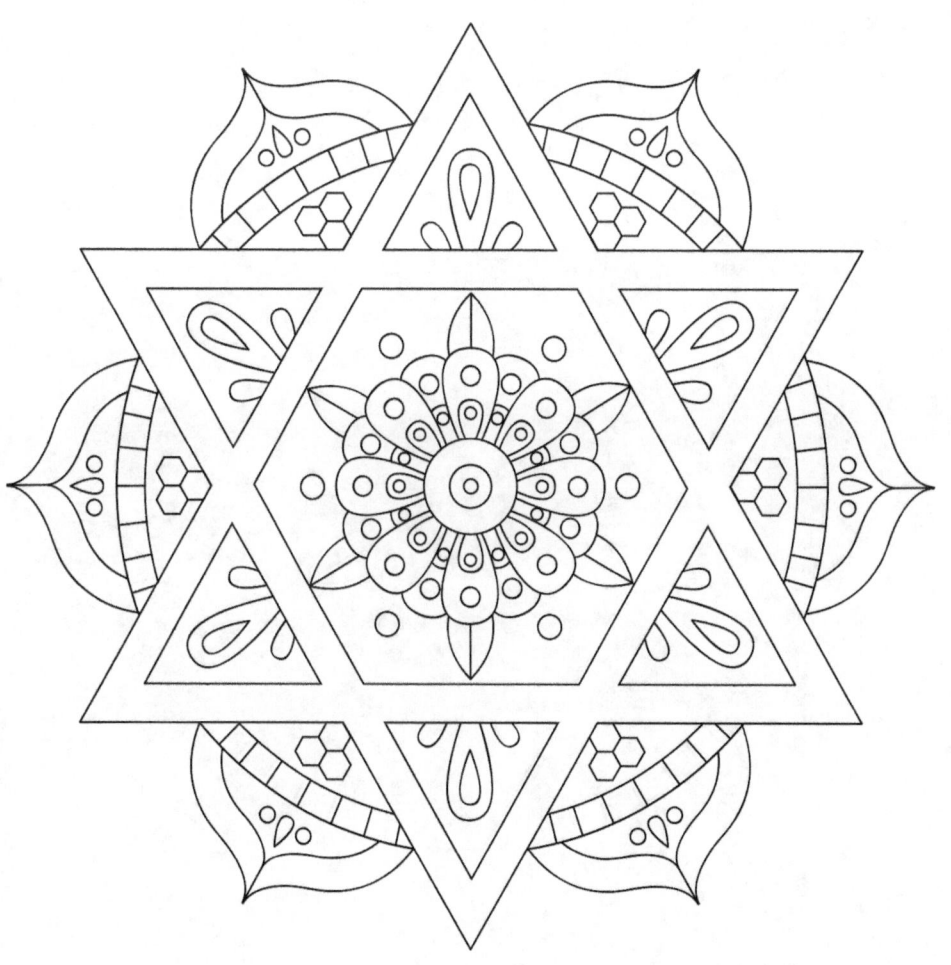

YANTRA

Coloring Page for Adults

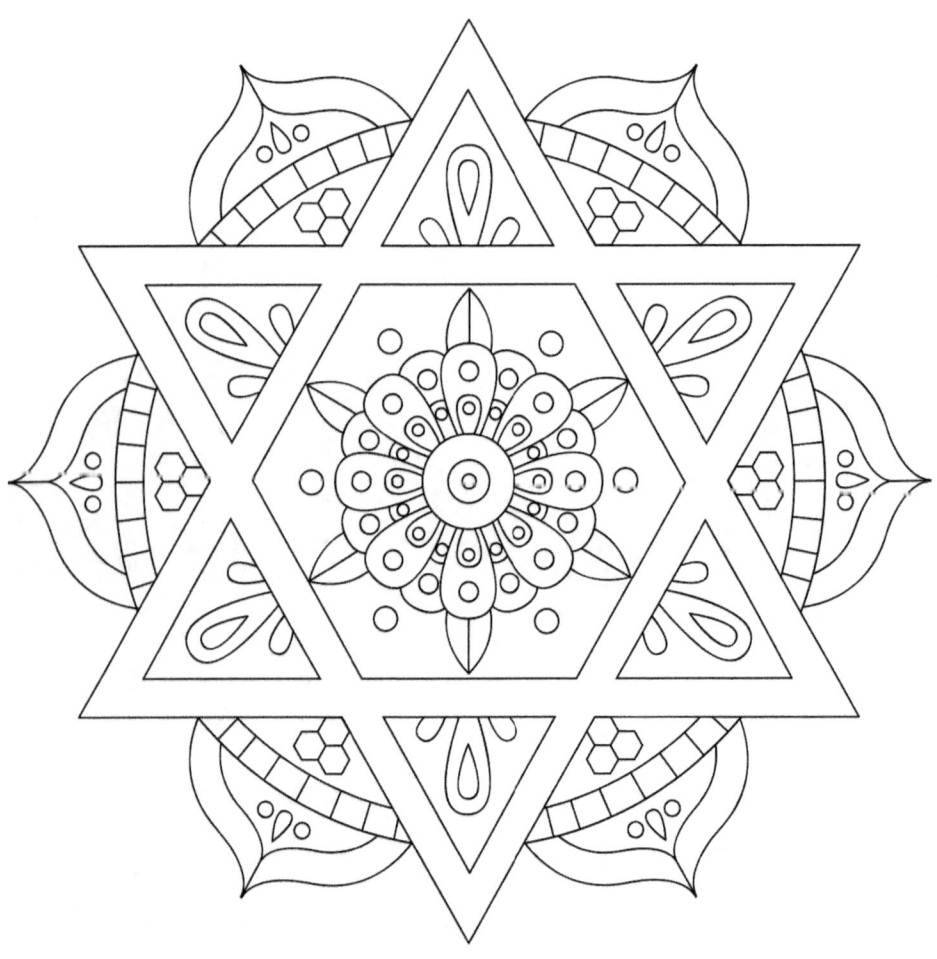

YANTRA
Coloring Page for Adults

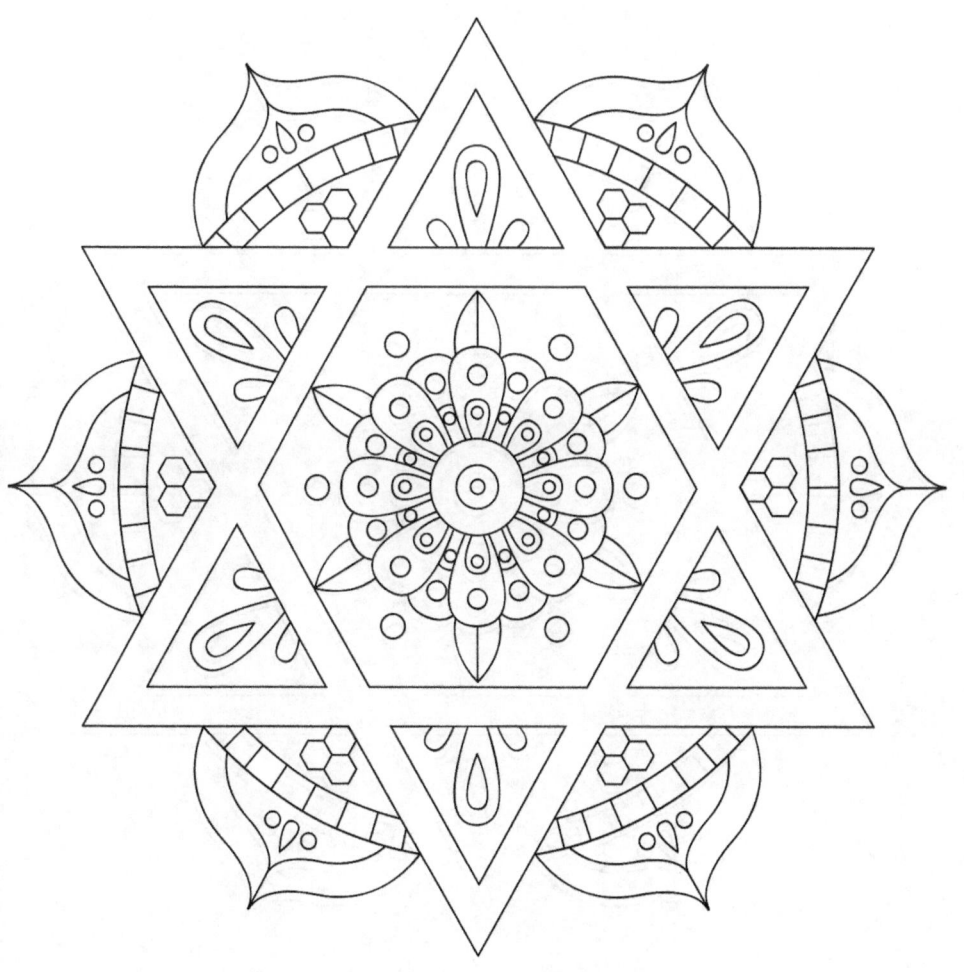

YANTRA
Coloring Page for Adults

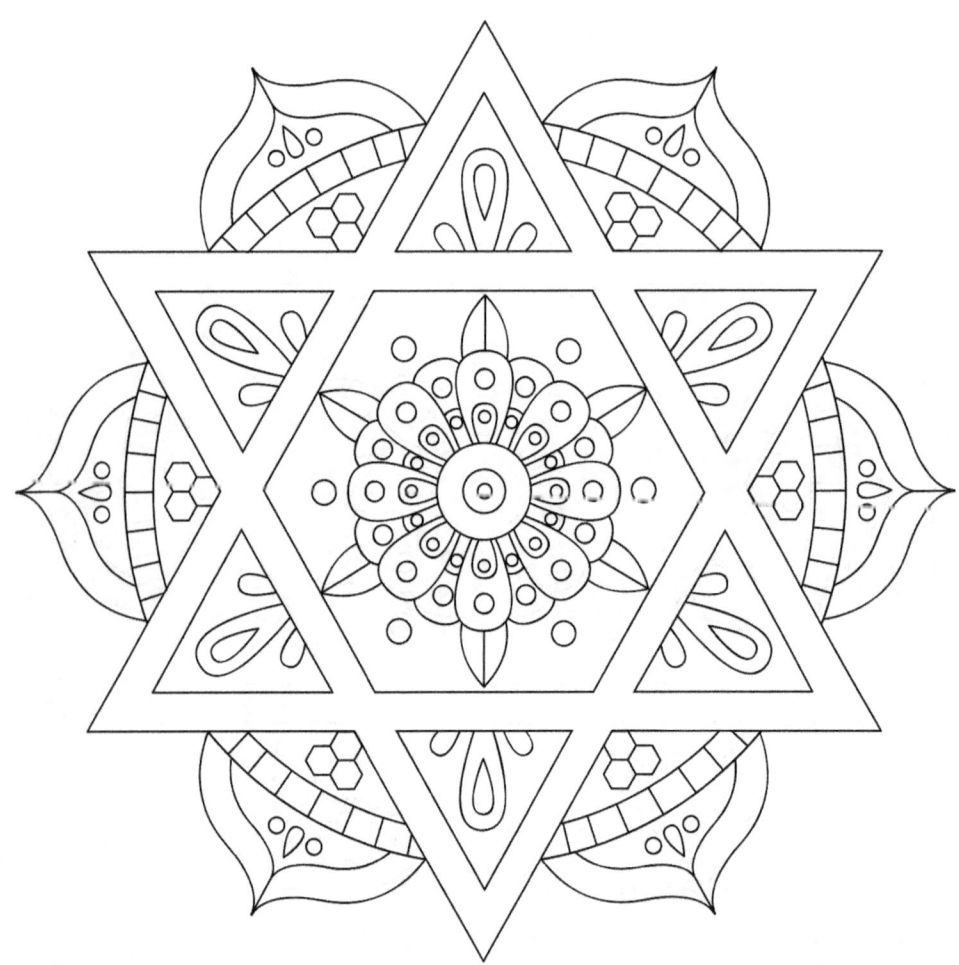

YANTRA
Coloring Page for Adults

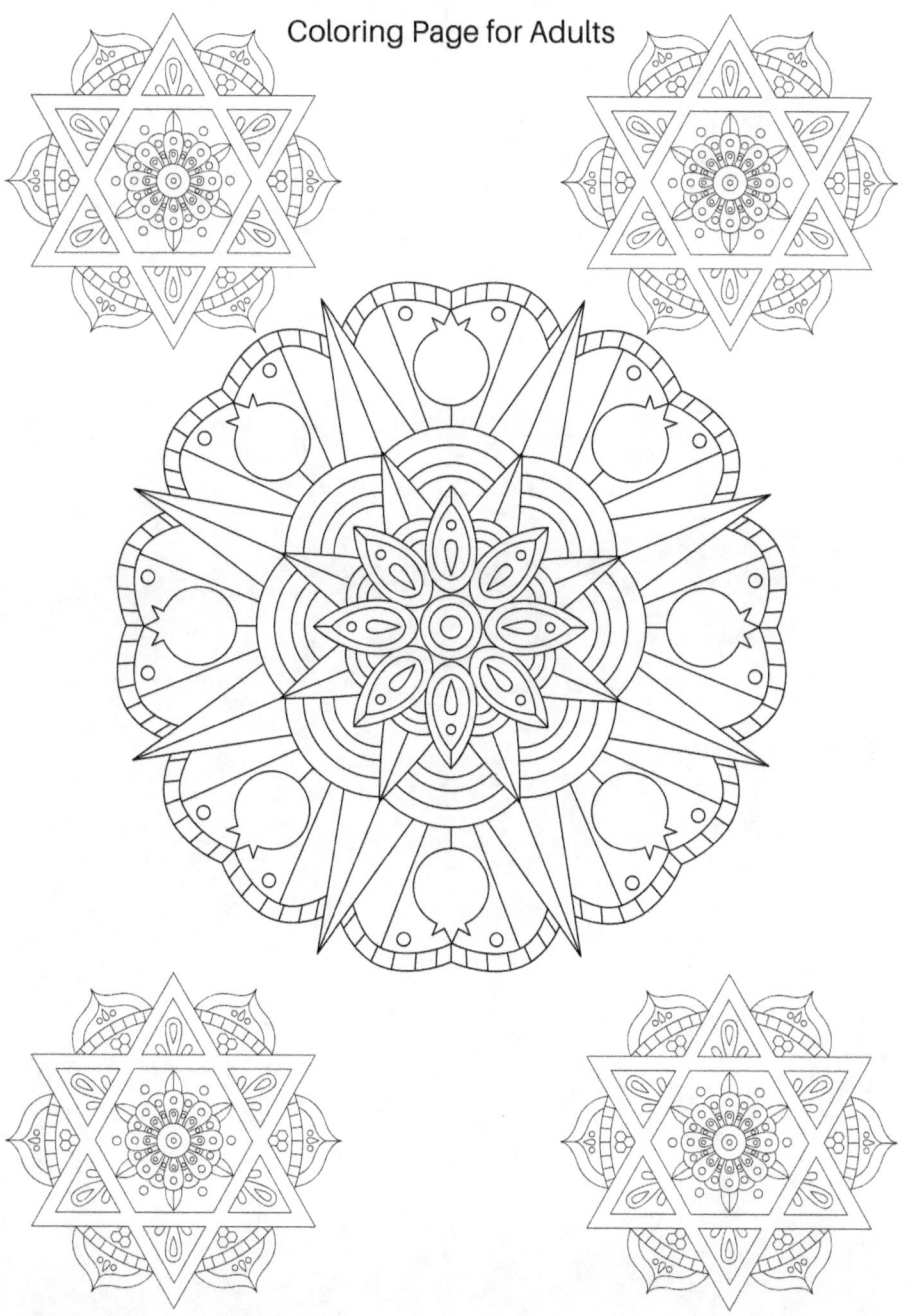

www.ingramcontent.com/pod-product-compliance
Lightning Source LLC
Chambersburg PA
CBHW070359230526
45471CB00006B/2643